主编　尹权为　李发玉　张璐璐

重庆草业统计

2018—2019

西南师范大学出版社
国家一级出版社　全国百佳图书出版单位

图书在版编目(CIP)数据

重庆草业统计：2018-2019 / 尹权为，李发玉，张璐璐主编. — 重庆：西南师范大学出版社，2020.10
ISBN 978-7-5697-0466-2

Ⅰ. ①重… Ⅱ. ①尹… ②李… ③张… Ⅲ. ①草原 - 畜牧业经济 - 统计分析 - 重庆 - 2018-2019 Ⅳ. ①F326.3

中国版本图书馆CIP数据核字(2020)第192738号

重庆草业统计(2018—2019)

CHONGQING CAOYE TONGJI(2018—2019)

尹权为 李发玉 张璐璐 主编

责任编辑：杜珍辉
责任校对：秦 俭
装帧设计：观止堂_未氓
排 版：张 祥
出版发行：西南师范大学出版社
地址：重庆市北碚区天生路2号
邮编：400715
印 刷：重庆荟文印务有限公司
幅面尺寸：145 mm×210 mm
印 张：3.875
字 数：120千字
版 次：2020年10月 第1版
印 次：2020年10月 第1次
书 号：ISBN 978-7-5697-0466-2

定 价：30.00元

编写委员会

主　任:康　雷　向品居

副主任:李发玉　晏　亮　潘　川

成　员:康　雷　向品居　李发玉　晏　亮　潘　川　尹权为
王军眉　兰兴平　向　博　阳　勇　刘仕碧　刘　阳
许李丽　李发玉　李　剑　李　洁　李国荣　杨　娥
杨春玲　陈波宇　陈胡燕　陈怡峰　吴云文　汪明明
何　汐　何双双　邹　铭　张又黎　林德秀　罗　登
武延风　周培香　郑云才　郑德菊　赵　露　袁明仲
袁　钢　袁勇飞　徐　锋　晏　亮　黄凤禄　黄洪成
黄维梁　龚兰芳　彭　亮　蒋吉平　谭兴疆

编　写　组

主　编:尹权为　李发玉　张璐璐

副主编:陈东颖　范　彦　曾　兵

编写人员(排名不分先后):

尹权为　王加亭　刘　彬　刘　羽　李发玉　李　舸
陈东颖　陈志宏　张璐璐　范　彦　周少山　唐　军
曾　兵　赖　鑫

前 言

为准确地掌握重庆市草业发展形势，以便于从事、支持、关心草业的各有关部门和广大科技工作者了解、研究我市草业经济发展情况，重庆市畜牧技术推广总站对2018—2019年重庆市区县的草业统计资料进行了整理，编写了《重庆草业统计(2018—2019)》。本书内容共四个主体部分：第一部分为草业发展综述，包括草地保护与利用情况、牧草种植生产情况、商品草生产与销售情况的综述；第二部分为天然饲草地利用情况；第三部分为草业生产统计，包括牧草种植与草种生产、多年生牧草生产、一年生牧草生产、商品草生产、草产品企业生产等情况；第四部分为饲草生产生物灾害统计，包括草地鼠害、虫害、病害等情况。附录部分包括草业统计指标解释、重庆市草牧业主导品种和主推技术名录、重庆草业地方标准制定情况。本书所涉及的草业生产方面的全市性统计指标未包括主城9区数据，万盛经开区数据并入綦江区；行政地区“石柱土家族自治县”“秀山土家族苗族自治县”“酉阳土家族苗族自治县”“彭水苗族土家族自治县”分别简称为“石柱县”“秀山县”“酉阳县”“彭水县”。

书中部分数据合计数和相对数由于单位取舍不同而产生的计算误差，未作调整。数据项空白表示数据不详或无该项指标数据。

由于个别区县统计资料收集不够完全，编辑时间仓促，加之水平有限，难免出现差错，敬请读者批评指正。

2020年6月

目 录

第一部分 草业发展综述

一、草地保护与利用情况 ……3

二、牧草种植生产情况 ……6

三、商品草生产与销售情况 ……9

第二部分 天然饲草地利用情况

一、2018年天然饲草地利用情况 ……13

二、2019年天然饲草地利用情况 ……15

第三部分 草业生产统计

一、2018年牧草种植与草种生产情况 ……19

二、2019年牧草种植与草种生产情况 ……21

三、2018年多年生牧草生产情况 ……23

四、2019年多年生牧草生产情况 ……37

五、2018年一年生牧草生产情况 ……………………………………51
六、2019年一年生牧草生产情况 ……………………………………65
七、2018年商品草生产情况 …………………………………………76
八、2019年商品草生产情况 …………………………………………76
九、2018年草产品企业生产情况 ……………………………………77
十、2019年草产品企业生产情况 ……………………………………77
十一、2018年农闲田面积情况 ………………………………………78
十二、2019年农闲田面积情况 ………………………………………79
十三、2018年农闲田种草情况 ………………………………………81
十四、2019年农闲田种草情况 ……………………………………… 85
十五、2018年农副资源饲用情况 …………………………………… 88
十六、2019年农副资源饲用情况 …………………………………… 90

第四部分　饲草生产生物灾害统计
一、2018年主要一年生牧草有害生物危害防治情况统计表…… 95
二、2018年主要多年生牧草有害生物危害防治情况统计表…… 96

附录一　草业统计指标解释 …………………………………………98
附录二　重庆市草牧业主导品种和主推技术名录 …………………106
附录三　重庆草业地方标准制定情况 ………………………………110

第一部分

草业发展综述

一、草地保护与利用情况

2018—2019年是全面深化草原生态文明体制改革的关键之年，也是落实草业发展“十三五”规划的重要之年。农业农村部印发的两年畜牧业工作要点相继提出要加强草原生态保护建设，全面实施粮改饲政策，大力发展现代草业。两年的中央一号文件提出要统筹山水林田湖草系统治理，把山水林田湖草作为一个生命共同体，进行统一保护、统一修复；开展国土绿化行动，推进石漠化、水土流失综合治理；扩大退耕还林还草、退牧还草地域，建立成果巩固长效机制；合理调整粮经饲结构，发展青贮玉米、苜蓿等优质饲草料生产；继续实施良种联合攻关，加快选育和推广优质草种。

重庆市农业农村委员会认真落实中央关于草业方面的总体部署，印发畜牧工作要点，提出大力开展人工种草，促进粮经饲结构调整的要求；培育社会化专业饲草生产收贮服务组织，建立规模化加工和商品化销售模式。同时，开展全市草地资源清查，摸清了重庆市草地资源家底和现状，填补了近40年来重庆市草地资源无具体变动数据的空白，为做好确定生态保护红线、编写自然资源生态负债表、实施草畜平衡制度，实现草地资源的有效管理及科学利用提供了依据，为今后一段时期内草牧业健康持续发展提供了决策支撑，为深入落实习近平总书记“两点”定位、“两地”“两高”目标要求、努力推动新时代重庆高质量发展奠定了一定基础。

（一）天然草地资源现状明晰

在国家政策和重庆市财政局、重庆市规划和自然资源局等部门支持下，2017—2018年，重庆市农业农村委组织完成了重庆市草地资源清查，清查结果为：重庆草地资源面积503.1万亩，其中热性灌草丛类、暖性灌草丛类、山地草甸类、低地草甸类草地分别为366.23万亩、103.74万亩、31.34万亩、1.79万亩；从分级上看，一级草地、二级草地、三级草地、四级草地、五级草地分别为464.96万亩、23.36万亩、12.00万亩、1.88万亩、0.91万亩。

（二）草地资源保护与利用稳步推进

通过政策引导、新技术推广和典型案例宣传，草地承包、保护与科学利用稳步推进，促进了退化草地植被恢复。据统计，2018年天然草地承包面积、禁牧面积、休牧面积、轮牧面积分别为149.7万亩、40.19万亩、18.24万亩、47.98万亩。2019年天然草地利用面积、承包面积、禁牧面积、休牧面积、轮牧面积分别为230.46万亩、130.06万亩、39.12万亩、19.39万亩、49.28万亩。2018年、2019年草地改良保留面积分别为6.2万亩、5.56万亩。

（三）草业项目实施效果显著

在国家专项资金支持下，2018年度重庆合川、忠县等13个区县实施了南方现代草地畜牧业推进行动项目。中央总投资2324万元，吸引社会资本投入3000余万元。通过实施补播改良、人工种草、养畜配套等措施，项目区域内超牧现象基本消除，饲草生产能力大幅提高，草畜配套更加科学，经营主体收入大幅提升。项目改良草地9443亩，建成人工种草5496亩；修建牲畜棚圈2038平方米，修建储草棚库2670平方米，修建青贮窖池1030立方米；购置饲草生产、加工等设备66台（套）。对实施项目中的10家业主每年效益进行监测，项目实施后牛、羊存栏分别为983头、4150只，同比增长分别为22.7%、25%；通过优质饲草科学配合饲喂，牛、羊出栏体重分别为651公斤、40.4公斤，同比增长分别为8.6%、14.6%；人工稳产基地可食牧草单产、总产（折合干草）分别为1.325吨/亩、5680.7吨，同比增长24.65%、484.7%；经营主体收入1383万元，同比增长139%；辐射带动周边农户141户、户均增收7404元，同比增长分别为314.7%、135.3%。

（四）草地生态环境加快恢复

近年来，重庆大部分草地区域水热条件较好，草地利用方式逐步优化，草地生态状况良好。2018年草地监测结果表明，各区县草原综合植被盖度在80.3%—92.2%，全市综合植被盖度为85.4%，高出全国草原综合植被盖度30个百分点。草地资源退化面积139.24万亩，占草地资源总面积的27.68%，以轻度退化为主，轻度退化占退化总面积的81.69%，重度退化的占比仅为0.22%；从空间分布看，退化呈零星分布状态，没有集中发生退化的区域。

（五）草食畜牧业生产方式转变

随着南方现代草地畜牧业推进行动、退耕还草等项目的实施和优质饲草品种、新型实用技术的推广，重庆大力发展现代草牧业，积极推广种养结合循环发展模式，草地畜牧业生产方式正在逐步转变。以放牧为主的传统草地畜牧业占比逐渐降低，生产布局和养殖结构继续进一步优化调整，肉牛养殖以舍饲为主，散户逐步退出；山羊以“放牧+补饲”为主，以适度规模场养殖为主。牛羊规模化、标准化程度稳中有升，2018年、

2019年肉牛年出栏数10头以上养殖场占比分别为15.57%、14.78%。2018年、2019年山羊年出栏数100只以上养殖场占比分别为14.68%、15.1%。

二、牧草种植生产情况

随着国家农业供给侧结构性改革的深入推进和粮经饲三元种植结构调整，重庆结合山地资源优势合理发展草牧业，优化牧草种植区域和种类。虽然种草面积略有下降，但优良牧草种植比例和牧草单产水平都有所提升，全市呈现出一批草牧业发展典型模式，粮经饲三元结构调整成效初显。

（一）种草面积略有下降

重庆受机构改革和非洲猪瘟疫情影响，投入到草牧业的人力、财力减少，牧草种植面积略有下降。主要原因有：一是按照2018年国家及重庆市机构改革方案要求，草原资源调查和确权登记管理、草原监督管理等职责已划转出农业农村部门，部分区县从事草牧业的人员减少。二是2019年起南方现代草地畜牧业推进行动项目取消。三是在新一轮退牧还草工程中还草补助标准仍低于还林，老百姓退耕还草积极性差。据统计，2018年，全市年末种草保留面积60.15万亩，其中人工种草保留面积53.95万亩、改良种草保留面积6.20万亩。2019年，全市年末种草保留面积54.86万亩，其中人工种草49.30万亩、改良种草5.56万亩，同比分别下降了8.79%、8.62%、10.32%。

(二)区域布局更加合理

我市牧草生产布局有受市场拉动和资源支撑影响的“草随畜走”和“以草定畜”业态,如丰都、合川因畜牧业发展而兴起的牧草产业。也有受自然气候、交通条件影响而因地制宜的业态,中高海拔山地以低矮饲草为主,中低海拔平坝及浅丘区(尤其是肉牛养殖区)以高产、高秆饲草为主。

从区域布局优化调整来看,各区县的草业发展更趋合理。草牧业发展区牛羊生产(主要为山羊)形成以天然草地放牧为主,适度发展人工种草的业态。该区域以生态保护优先,贯彻落实草原禁牧和草畜平衡制度,科学开展改良种草和休牧、轮牧,从农区调运饲草料和农副资源以解决冬季饲草不足的问题。不断加快生产方式转变,提升基础设施建设,推进“放牧+舍饲”相结合模式。肉牛以舍饲为主,提升标准化、集约化水平,加快牲畜出栏速度,这为保障长江生态安全、打赢扶贫攻坚战、保障肉食品供应、促进地方农业经济发展做出了一定贡献。

2018年,草业发展14个重点区县饲草种植年末保留面积51.88万亩,占全市的86.25%。其中巫溪县、万州区、丰都县、开州区、奉节县饲草种植年末保留面积分别为7.39万亩、6.66万亩、6.63万亩、5.46万亩、4.10万亩。

2019年,草业发展14个重点区县饲草种植年末保留面积47.16万亩,占全市的85.96%,同比下降9.1%。其中巫溪县、万州区、丰都县、开州区、奉节县饲草种植年末保留面积分别为6.66万亩、6.46万亩、6.12万亩、5.36万亩、4.11万亩。

(三)牧草种植种类更加明确

在南方现代草地畜牧业推进行动、退耕还草等项目实施和优质饲草主导品种、主推技术推广等工作推动下，适宜重庆生产的豆科类白三叶、红三叶和禾本科类黑麦草、青贮玉米、狼尾草等优质饲草种植比例占比较大。2018年，全市多花黑麦草、白三叶、红三叶、青贮玉米、多年生黑麦草、狼尾草种植面积40.88万亩，占总面积的68.0%，其分别为8.53万亩、7.35万亩、6.96万亩、6.78万亩、6.11万亩、5.15万亩，分别占保留总面积的14.18%、12.22%、11.57%、11.27%、10.16%、8.56%。2019年，全市多花黑麦草、白三叶、红三叶、青贮玉米、多年生黑麦草、狼尾草等种植面积39.04万亩，主要饲草保留面积与2018年基本持平，占当年总面积的71.2%，其分别为8.43万亩、7.32万亩、5.97万亩、6.08万亩、6.13万亩、5.11万亩，分别占保留总面积的15.37%、13.34%、10.88%、11.08%、11.17%、9.31%。

（四）单产水平有所提高，饲草总产量基本稳定

在南方现代草地畜牧业推进行动等项目的影响下，在草业工程技术中心等单位项目的技术推广示范下，全市有关区县坚持科技兴草兴牧，大力推广丰产关键技术，增加优良牧草品种比例，扩大规模化种植面积，实施机械化作业和病虫害防控等综合生产管理措施，总体上种草单产水平有所提高，饲草总产量基本稳定。

2018年，全市饲草平均单产961公斤/亩（折合干草，下同），总产量57.80万吨（折合干草，下同）。其中主产饲草多花黑麦草、白三叶、红三叶、青贮玉米、多年生黑麦草、狼尾草平均单产分别为1186公斤/亩、456公斤/亩、471公斤/亩、1074公斤/亩、926公斤/亩、2429公斤/亩，主产饲草产量42.19万吨。

2019年，全市饲草平均单产962公斤/亩，总产量52.84万吨。其中主产饲草多花黑麦草、白三叶、红三叶、青贮玉米、多年生黑麦草、狼尾草

平均单产分别为1213公斤/亩、453公斤/亩、474公斤/亩、1056公斤/亩、919公斤/亩、2454公斤/亩，主产饲草产量40.17万吨，与2018年基本持平。

三、商品草生产与销售情况

随着振兴奶业行动、南方现代草地畜牧业推进行动等项目的持续实施和畜禽养殖环保综合整治，种养循环生产模式得到进一步推广，重庆牧草种植结构不断优化，商品草产品主要为青贮产品。专业化商品草生产已由简单数量型向质量效益型转变，商品草生产面积和产量下降，单产有所上升，优质饲草调运频率降低，现存商品草生产企业实力进一步提升。

（一）商品草生产有所下滑

2018年，4家专业化商品草生产企业，生产面积0.755万亩，单产（折合干草）2208公斤/亩，总产量1.667万吨；主要商品草为狼尾草、青贮青饲高粱、多花黑麦草，生产面积分别为0.565万亩、0.160万亩、0.030万亩，占全市商品草生产的74.8%、21.2%、4.0%；产量分别为1.413万吨、0.214万吨、0.04万吨，占全市的84.8%、12.8%、2.4%。

2019年，商品草生产企业数量、生产面积、产量都有所下降，单产有所上升。3家专业化商品草生产企业，生产面积0.455万亩，单产（折合干草）2583公斤/亩，总产量1.175万吨，主要商品草为狼尾草、多花黑麦草，生产面积分别为0.423万亩、0.032万亩，占全市商品草生产的93.0%、7.0%；产量分别为1.133万吨、0.042万吨，占全市的96.4%、3.6%。

(二)草产品生产企业进一步优化

据不完全统计,2018年重庆草产品生产加工专业化企业4家,主要通过种植狼尾草、饲用甜高粱、多花黑麦草加工青贮饲料,全年生产青贮饲料5万吨。2019年重庆草产品生产加工专业化企业3家,主要通过种植狼尾草、多花黑麦草加工青贮饲料,全年生产青贮饲料3.21万吨,当年销售2.258万吨,销售率70.3%。其中丰都县大地牧歌农业发展有限公司主要种植加工狼尾草青贮饲料,青贮饲料生产量1.8万吨、销售量1.25万吨,分别占全市的56.1%、55.4%。

第二部分

天然饲草地利用情况

一、2018年天然饲草地利用情况

表2-1　2018年天然饲草地利用情况

行政区名称	累计承包面积/万亩				禁牧休牧轮牧面积/万亩				天然草地利用面积/万亩				天然草地越冬干草贮草总量/万吨	天然草地越冬鲜草青贮总量/万吨
	合计	承包到户面积	承包到联户面积	其他承包形式面积	合计	禁牧面积	休牧面积	轮牧面积	合计	打贮草面积	刈牧兼用面积	其他方式利用面积		
重庆市	149.7	108.578	9.034	32.09	106.414	40.19	18.24	47.984						
万州区	3.89	3.89												
涪陵区	2.5	1.25	0.31	0.94										
綦江区	0.2	0.05	0.15											
大足区	8.1	5.3	2.2	0.6	3.7		1.7	2						
黔江区	0.5	0.5												
长寿区														
江津区														
合川区	6.6	4.5	1.6	0.5	0.23			0.23						
永川区	0.12	0.12												
南川区	3.9	3.9			3.7	1.5	1	1.2						
璧山区														
铜梁区	2.92	2.92												
潼南区	2.15	0.9	0.55	0.7	0.38			0.38						

续表

行政区名称	累计承包面积/万亩				禁牧休牧轮牧面积/万亩				天然草地利用面积/万亩				天然草地越冬干草贮草总量/万吨	天然草地越冬鲜草青贮总量/万吨
	合计	承包到户面积	承包到联户面积	其他承包形式面积	合计	禁牧面积	休牧面积	轮牧面积	合计	打贮草面积	刈牧兼用面积	其他方式利用面积		
荣昌区														
开州区	11.5			11.5	45.17	19.62	5.23	20.32						
梁平区	0.4	0.4												
城口县	1.78	1.18	0.11	0.49	0.4	0.21	0.09	0.1						
丰都县	7.37	2.05		5.32	0.43			0.43						
垫江县														
武隆区	8	5	2	1	13	10	2	1						
忠　县	0.04			0.04										
云阳县	14.9	14.9			0.9			0.9						
奉节县	10	7	2	1	12.144	2	1	9.144						
巫山县	0.532	0.418	0.114											
巫溪县	25.2	25.2			7.17	3.87	1.12	2.18						
石柱县	13.8	13.8			4.69	1.49	1.1	2.1						
秀山县														
酉阳县	0.3	0.3			0.5	0.5								
彭水县	25	15		10	14	1	5	8						

二、2019年天然饲草地利用情况

表2-2　2019年天然饲草地利用情况

行政区名称	累计承包面积/万亩				禁牧休牧轮牧面积/万亩				天然草地利用面积/万亩				天然草地越冬干草贮草总量/万吨	天然草地越冬鲜草青贮总量/万吨
	合计	承包到户面积	承包到联户面积	其他承包形式面积	合计	禁牧面积	休牧面积	轮牧面积	合计	打贮草面积	刈牧兼用面积	其他方式利用面积		
重庆市	130.064	90.93	7.964	31.17	107.794	39.124	19.39	49.28	230.46	6.67	33.883	189.907		
万州区	3.2	2.04	0.73	0.43	6.804	1.134	1.89	3.78	15.796	1.25	0.097	14.449		
涪陵区	2.4	1.2	0.4	0.8					3	0.1	0.6	2.3		
綦江区	0.2	0.05	0.15						0.2			0.2		
大足区	8.1	5.3	2.2	0.6	3.7	1	0.7	2	5.291	0.001	1.58	3.71		
黔江区	0.5	0.5							3.109		0.397	2.712		
长寿区									0.31		0.2	0.11		
江津区									0.29		0.06	0.23		
合川区	0.25	0.1	0.05	0.1	0.2			0.2	0.25		0.25			
永川区	0.12	0.12							0.13	0.03	0.08	0.02		
南川区	3.9	3.9			3.7	1.5	1	1.2	3.95	1.9	1.6	0.45		
璧山区									0.502	0.001	0.001	0.5		
铜梁区	2.92	2.92							2.92			2.92		
潼南区	1.8	0.8	0.5	0.5	0.38	0.38			1.85		0.89	0.96		

续表

行政区名称	累计承包面积/万亩				禁牧休牧轮牧面积/万亩				天然草地利用面积/万亩				天然草地越冬干草贮草总量/万吨	天然草地越冬鲜草青贮总量/万吨
	合计	承包到户面积	承包到联户面积	其他承包形式面积	合计	禁牧面积	休牧面积	轮牧面积	合计	打贮草面积	刈牧兼用面积	其他方式利用面积		
荣昌区														
开州区	11.6			11.6	41	16.62	5.12	19.26	22.21	0.8	1.55	19.86		
梁平区	0.4	0.4							0.417	0.087	0.126	0.204		
城口县	1.79	1.18	0.12	0.49	0.41	0.21	0.1	0.1	6.73		0.17	6.56		
丰都县	6.04	1.52		4.52					6.13		3.02	3.11		
垫江县									0.001			0.001		
武隆区	8	5	2	1	12	9	2	1	8.202	0.001	0.001	8.2		
忠　县	0.068	0.038		0.03					8.11		0.03	8.08		
云阳县	14.1	14.1			0.8	0.8			14.5		2.2	12.3		
奉节县	9.4	6.8	1.6	1	12.1	1.5	1.2	9.4	20.8	0.8	4.2	15.8		
巫山县	0.526	0.412	0.114						0.532	0.05	0.201	0.281		
巫溪县	21.85	21.65	0.1	0.1	7.27	3.89	1.14	2.24	22.01	0.4	0.6	21.01		
石柱县	7.6	7.6			4.83	1.49	1.24	2.1	7.97		0.03	7.94		
酉阳县	0.3	0.3			0.6	0.6			50.25	0.25	15	35		
彭水县	25	15		10	14	1	5	8	25	1	1	23		

第三部分

草业生产统计

一、2018年牧草种植与草种生产情况

表3-1　2018年牧草种植与草种生产情况

行政区名称	年末保留种草面积/万亩			当年种草面积/万亩						草种田面积/万亩	种子产量/吨			秸秆产量/吨	秸秆饲用量/吨	秸秆加工饲用量/吨	其他农副资源饲用量/吨
	合计	人工种草保留面积	改良种草保留面积	合计	当年一年生种草面积	当年多年生种草面积			当年耕地种草面积		合计	多年生种子产量	一年生种子产量				
						小计	当年多年生人工种草面积	当年多年生改良种草面积									
重庆市	60.151	53.953	6.198	42.971	31.701	11.27	9.45	1.82						2736180	186997	28441	471392
万州区	6.658	4.732	1.926	4.462	2.669	1.793	0.95	0.843						296542	40130	14434	78704
涪陵区	0.503	0.503		0.293	0.226	0.067	0.067							87000	10200		16500
綦江区	0.381	0.369	0.012	0.328	0.109	0.219	0.207	0.012									
大足区	0.821	0.821		0.664	0.611	0.053	0.053							4045	152	20	300
黔江区	2.611	2.446	0.165	2.496	2.2	0.296	0.156	0.14									
长寿区	0.11	0.11		0.11	0.11												
江津区	0.445	0.439	0.006	0.217	0.203	0.014	0.008	0.006						509000	6000		21490
合川区	3.6	3.6		1.697	1.241	0.456	0.456							702300	15300	1350	
永川区	0.15	0.15		0.115	0.115									397333	885	110	44418
南川区	3.042	3.031	0.011	2.562	2.471	0.091	0.08	0.011									
璧山区	0.003	0.003		0.003	0.003												
铜梁区	0.832	0.797	0.035	0.832	0.54	0.292	0.257	0.035									
潼南区	0.782	0.782		0.773	0.582	0.191	0.191										4010

续表

行政区名称	年末保留种草面积/万亩			当年种草面积/万亩						草种田面积/万亩	种子产量/吨			秸秆产量/吨	秸秆饲用量/吨	秸秆加工饲用量/吨	其他农副资源饲用量/吨
						当年多年生种草面积											
	合计	人工种草保留面积	改良种草保留面积	合计	当年一年生种草面积	小计	当年多年生人工种草面积	当年多年生改良种草面积	当年耕地种草面积		合计	多年生种子产量	一年生种子产量				
荣昌区	0.261	0.261		0.26	0.22	0.04	0.04										
开州区	5.456	5.223	0.233	5.037	4.45	0.587	0.434	0.153									
梁平区	0.396	0.396		0.096	0.042	0.054	0.054							20000	1200	1000	3010
城口县	1.25	0.904	0.346	0.774	0.757	0.017	0.017							53910	130	27	15000
丰都县	6.628	6.628		2.159	1.999	0.16	0.16							220850	51000		232500
垫江县	0.97	0.97		0.944	0.931	0.013	0.013							100000	7000		30100
武隆区	1.76	1.753	0.007	1.759	1.711	0.048	0.042	0.006						13000	6780		550
忠　县	0.349	0.317	0.032	0.238	0.177	0.061	0.029	0.032									
云阳县	3.367	3.367		3.367	3.11	0.257	0.257										
奉节县	4.102	3.893	0.209	2.912	2.843	0.069	0.06	0.009						69800	21540	6200	8240
巫山县	2.228	1.791	0.437	1.434	0.877	0.557	0.47	0.087									
巫溪县	7.389	5.423	1.966	5.219	0.991	4.228	4.055	0.173						400	180		
石柱县	1.312	1.312		0.515	0.02	0.495	0.495							4000	2000	800	
秀山县	1.023	1.023		1.023	0.791	0.232	0.232										
酉阳县	2.302	1.489	0.813	1.562	0.682	0.88	0.567	0.313						258000	24500	4500	16570
彭水县	1.42	1.42		1.12	1.02	0.1	0.1										

二、2019年牧草种植与草种生产情况

表3-2　2019年牧草种植与草种生产情况

行政区名称	年末保留种草面积/万亩			当年种草面积/万亩						草种田面积/万亩	种子产量/吨			秸秆产量/吨	秸秆饲用量/吨	秸秆加工饲用量/吨	其他农副资源饲用量/吨
	合计	人工种草保留面积	改良种草保留面积	合计	当年一年生种草面积	当年多年生种草面积			当年耕地种草面积		合计	多年生种子产量	一年生种子产量				
						小计	当年多年生人工种草面积	当年多年生改良种草面积									
重庆市	54.861	49.304	5.557	30.982	28.38	2.602	2.281	0.321	24.637					2465663	350663	79568	597183
万州区	6.455	4.837	1.618	2.985	2.783	0.202	0.177	0.025	1.89					503700	209400	62930	234200
涪陵区	0.492	0.492		0.232	0.232				0.175					90000	9600		18000
綦江区	0.405	0.398	0.007	0.311	0.118	0.193	0.189	0.004	0.307								
大足区	0.528	0.527	0.001	0.371	0.337	0.034	0.033	0.001	0.241					4045	102	15	30
黔江区	2.302	2.144	0.158	1.922	1.878	0.044	0.041	0.003	1.913								
长寿区	0.224	0.224		0.224	0.11	0.114	0.114		0.114								
江津区	0.439	0.433	0.006	0.2	0.197	0.003	0.003		0.2					509000	7000	50	27480
合川区	2.529	2.529		0.9	0.9				0.894					335500	9941	357	
永川区	0.024	0.024		0.002	0.002									317061	690	90	28276
南川区	1.455	1.445	0.01	1.43	0.86	0.57	0.56	0.01	1.31								
璧山区	0.003	0.003		0.003	0.003				0.003								
铜梁区	0.699	0.669	0.03	0.425	0.424	0.001	0.001		0.375								
潼南区	0.785	0.785		0.585	0.583	0.002	0.002		0.585								

续表

行政区名称	年末保留种草面积/万亩			当年种草面积/万亩						草种田面积/万亩	种子产量/吨			秸秆产量/吨	秸秆饲用量/吨	秸秆加工饲用量/吨	其他农副资源饲用量/吨
	合计	人工种草保留面积	改良种草保留面积	合计	当年一年生种草面积	当年多年生种草面积			当年耕地种草面积		合计	多年生种子产量	一年生种子产量				
						小计	当年多年生人工种草面积	当年多年生改良种草面积									
荣昌区	0.151	0.147	0.004	0.111	0.074	0.037	0.033	0.004	0.094								
开州区	5.364	5.148	0.216	4.634	4.354	0.28	0.182	0.098	3.227					8500	1500	1350	6550
彭水县	1.42	1.42		1.12	1.02	0.1	0.1										
城口县	1.343	0.997	0.346	0.856	0.83	0.026	0.026		0.776					41703	127	25	11000
丰都县	6.12	6.12		1.682	1.682				1.682					211650	53700		212400
垫江县	0.969	0.969		0.931	0.931				0.27					99800	6900		30170
武隆区	1.827	1.825	0.002	1.778	1.728	0.05	0.05		1.776								
忠　县	0.399	0.367	0.032	0.235	0.18	0.055	0.055		0.071								
云阳县	3.435	3.435		3.294	3.168	0.126	0.126		3.294								
奉节县	4.105	3.893	0.212	2.846	2.816	0.03	0.027	0.003	2.805					75000	22500	7500	9000
巫山县	1.234	0.911	0.323	0.465	0.458	0.007	0.004	0.003	0.462								
巫溪县	6.659	4.797	1.862	1.265	0.996	0.269	0.099	0.17	1.108					450	300	150	
石柱县	1.519	1.519		0.255	0.23	0.025	0.025		0.03					4200	2100	1000	
秀山县	0.879	0.879		0.692	0.648	0.044	0.044		0.035								
酉阳县	2.626	1.896	0.73	1.091	0.789	0.302	0.302		0.974					245050	25600	5100	17050
彭水县	1.42	1.42		1.12	1.02	0.1	0.1										

三、2018年多年生牧草生产情况

表3-3　2018年多年生牧草生产情况

行政区名称	牧草种类	年末保留种草面积/万亩			当年新增种草面积/万亩			农闲田种草面积/万亩						单位面积产量(公斤/亩)			产量(折合干草)/吨			鲜草实际青贮量/吨
		合计	人工保留面积	改良保留面积	合计	当年人工种草面积	当年改良种草面积	合计	冬闲田种草面积	夏秋闲田种草面积	果园隙地种草面积	四边地种草面积	其他种草面积	平均单产	人工种草单产	改良种草单产	总产量	人工种草产量	改良种草产量	
重庆市		28.45	22.252	6.198	11.27	9.45	1.82	11.169	0.06	0.001	3.503	1.383	6.222	974.24	1119.37	453.22	277172.21	249081.91	28090.3	51112
万州区	白三叶	2.942	1.461	1.481	0.85	0.438	0.412	1.798			1.709	0.071	0.018	352.2	395	310	10362.05	5770.95	4591.1	
	红三叶	0.622	0.196	0.426	0.622	0.196	0.426	0.19			0.18	0.01		449.9	580	390	2798.2	1136.8	1661.4	
	菊苣	0.01	0.01					0.006			0.001	0.005		686	686		68.6	68.6		
	聚合草	0.088	0.088		0.02	0.02		0.069			0.009	0.06		717	717		630.96	630.96		
	狼尾草	0.258	0.258		0.258	0.258		0.038			0.004	0.031	0.003	2663.1	2663.05		6870.669	6870.669		
	其他多年生牧草	0.016	0.016		0.016	0.016								550	550		88	88		
	苇状羊茅	0.012	0.012		0.012	0.012								600	600		72	72		
	紫花苜蓿	0.041	0.022	0.019	0.015	0.01	0.005	0.013				0.003	0.01	796.6	880	700	326.6	193.6	133	
涪陵区	白三叶	0.013	0.013		0.013	0.013								870	870		113.1	113.1		
	狼尾草	0.26	0.26		0.05	0.05								2250	2250		5850	5850		1800
	鸭茅	0.004	0.004		0.004	0.004								930	930		37.2	37.2		
綦江区	多年生黑麦草	0.053	0.051	0.002	0.002		0.002	0.051			0.051			992.5	1000	800	526	510	16	
	狗尾草	0.01	0.01		0.01	0.01		0.01				0.01		500	500		50	50		
	菊苣	0.011	0.002	0.009	0.009		0.009	0.002				0.002		500	500	500	55	10	45	
	狼尾草	0.046	0.045	0.001	0.046	0.045	0.001	0.045			0.045			1806.1	1814	1450	830.8	816.3	14.5	
	木本蛋白饲料	0.152	0.152		0.152	0.152		0.152					0.152	557	557		846.64	846.64		

续表

行政区名称	牧草种类	年末保留种草面积/万亩			当年新增种草面积/万亩			农闲田种草面积/万亩						单位面积产量(公斤/亩)			产量(折合干草)/吨			鲜草实际青贮量/吨
		合计	人工保留面积	改良保留面积	合计	当年人工种草面积	当年改良种草面积	合计	冬闲田种草面积	夏秋闲田种草面积	果园隙地种草面积	四边地种草面积	其他种草面积	平均单产	人工种草单产	改良种草单产	总产量	人工种草产量	改良种草产量	
大足区	狼尾草	0.19	0.19		0.033	0.033								2424	2424		4605.6	4605.6		
	其他多年生牧草	0.02	0.02		0.02	0.02								1400	1400		280	280		
黔江区	白三叶	0.018	0.003	0.015	0.013	0.003	0.01							500	500	500	90	15	75	
	多年生黑麦草	0.18	0.13	0.05	0.07	0.04	0.03	0.005			0.001	0.004		1005.1	1084	800	1809.2	1409.2	400	
	红三叶	0.02	0.01	0.01	0.02	0.01	0.01							700	800	600	140	80	60	
	菊苣	0.001	0.001		0.001	0.001								1200	1200		12	12		
	狼尾草	0.182	0.092	0.09	0.182	0.092	0.09	0.003			0.002	0.001		1879.9	1958	1800	3421.36	1801.36	1620	
	牛鞭草	0.01	0.01		0.01	0.01								1300	1300		130	130		
江津区	菊苣	0.003	0.003		0.003	0.003								580	580		17.4	17.4		
	狼尾草	0.059	0.053	0.006	0.009	0.003	0.006	0.008			0.001	0.007		2259.3	2300	1900	1333	1219	114	
	牛鞭草	0.18	0.18		0.002	0.002								1740	1740		3132	3132		
合川区	多年生黑麦草	0.336	0.336		0.131	0.131		0.01				0.01		1050	1050		3528	3528		
	狼尾草	1.698	1.698					0.009				0.009		2366	2366		40174.68	40174.68		4020
	木本蛋白饲料	0.321	0.321		0.321	0.321								2000	2000		6420	6420		
	其他多年生牧草	0.004	0.004		0.004	0.004								600	600		24	24		

续表

行政区名称	牧草种类	年末保留种草面积/万亩			当年新增种草面积/万亩			农闲田种草面积/万亩						单位面积产量(公斤/亩)			产量(折合干草)/吨			鲜草实际青贮量/吨
		合计	人工保留面积	改良保留面积	合计	当年人工种草面积	当年改良种草面积	合计	冬闲田种草面积	夏秋闲田种草面积	果园隙地种草面积	四边地种草面积	其他种草面积	平均单产	人工种草单产	改良种草单产	总产量	人工种草产量	改良种草产量	
永川区	多年生黑麦草	0.015	0.015					0.005				0.005		720	720		108	108		
	狼尾草	0.02	0.02					0.013			0.009		0.004	2450	2450		490	490		
南川区	白三叶	0.45	0.45		0.01	0.01		0.45				0.25	0.2	500	500		2250	2250		
	多年生黑麦草	0.111	0.1	0.011	0.071	0.06	0.011	0.67	0.05			0.02	0.6	750	750	750	832.5	750	82.5	
	狼尾草	0.01	0.01		0.01	0.01								2500	2500		250	250		
铜梁区	多年生黑麦草	0.143	0.118	0.025	0.143	0.118	0.025	0.05				0.03	0.02	938.8	1000	650	1342.5	1180	162.5	
	菊苣	0.002	0.002		0.002	0.002								700	700		14	14		
	狼尾草	0.145	0.135	0.01	0.145	0.135	0.01	0.034				0.028	0.006	2486.2	2500	2300	3605	3375	230	
	紫花苜蓿	0.002	0.002		0.002	0.002		0.002				0.002		890	890		17.8	17.8		
潼南区	多年生黑麦草	0.107	0.107		0.1	0.1		0.117					0.117	870	870		930.9	930.9		1182
	狼尾草	0.091	0.091		0.091	0.091		0.128					0.128	2450	2450		2229.5	2229.5		3890
	紫花苜蓿	0.002	0.002					0.002					0.002	810	810		16.2	16.2		
荣昌区	狼尾草	0.02	0.02		0.02	0.02		0.011				0.002	0.009	2500	2500		500	500		950
	牛鞭草	0.001	0.001											1300	1300		13	13		
	其他多年生牧草	0.013	0.013		0.013	0.013								1650	1650		214.5	214.5		
	紫花苜蓿	0.007	0.007		0.007	0.007								780	780		54.6	54.6		

续表

行政区名称	牧草种类	年末保留种草面积/万亩			当年新增种草面积/万亩			农闲田种草面积/万亩						单位面积产量(公斤/亩)			产量(折合干草)/吨			鲜草实际青贮量/吨
		合计	人工保留面积	改良保留面积	合计	当年人工种草面积	当年改良种草面积	合计	冬闲田种草面积	夏秋闲田种草面积	果园隙地种草面积	四边地种草面积	其他种草面积	平均单产	人工种草单产	改良种草单产	总产量	人工种草产量	改良种草产量	
开州区	串叶松香草	0.005	0.005		0.005	0.005								1500	1500		75	75		
	多年生黑麦草	0.487	0.299	0.188	0.128	0.02	0.108	0.045			0.017	0.028		822.8	900	700	4007	2691	1316	426
	狗尾草	0.085	0.085		0.085	0.085								1300	1300		1105	1105		
	红三叶	0.051	0.021	0.03	0.034	0.004	0.03							474.1	580	400	241.8	121.8	120	
	狼尾草	0.333	0.318	0.015	0.333	0.318	0.015	0.012	0.01			0.002		2359.5	2400	1500	7857	7632	225	689
	牛鞭草	0.045	0.045		0.002	0.002								1500	1500		675	675		
梁平区	白三叶	0.05	0.05		0.05	0.05								515	515		257.5	257.5		
	多年生黑麦草	0.08	0.08											803	803		642.4	642.4		
	红三叶	0.02	0.02											570	570		114	114		
	菊苣	0.004	0.004		0.004	0.004		0.003		0.001	0.001		0.001	692	692		27.68	27.68		
	狼尾草	0.18	0.18											2618	2618		4712.4	4712.4		2000
	紫花苜蓿	0.02	0.02											757	757		151.4	151.4		
城口县	白三叶	0.347	0.001	0.346	0.001	0.001		0.551			0.287	0.264		320.5	487	320	1112.07	4.87	1107.2	5
	多年生黑麦草	0.025	0.025		0.015	0.015		0.04			0.02	0.02		1011	1011		252.75	252.75		10
	红三叶	0.051	0.051		0.001	0.001		0.182			0.086	0.096		624	624		318.24	318.24		40
	菊苣	0.021	0.021					0.014			0.004	0.01		1100	1100		231	231		
	紫花苜蓿	0.049	0.049					0.049			0.024	0.025		869	869		425.81	425.81		

续表

行政区名称	牧草种类	年末保留种草面积/万亩			当年新增种草面积/万亩			农闲田种草面积/万亩						单位面积产量(公斤/亩)			产量(折合干草)/吨			鲜草实际青贮量/吨
		合计	人工保留面积	改良保留面积	合计	当年人工种草面积	当年改良种草面积	合计	冬闲田种草面积	夏秋闲田种草面积	果园隙地种草面积	四边地种草面积	其他种草面积	平均单产	人工种草单产	改良种草单产	总产量	人工种草产量	改良种草产量	
丰都县	白三叶	1.739	1.739											580	580		10086.2	10086.2		
	多年生黑麦草	1.855	1.855											980	980		18179	18179		
	狼尾草	0.875	0.875											2690	2690		23537.5	23537.5		20500
	苇状羊茅	0.16	0.16		0.16	0.16								1120	1120		1792	1792		
垫江县	多年生黑麦草	0.013	0.013		0.013	0.013								900	900		117	117		
	狼尾草	0.02	0.02											1500	1500		300	300		
	牛鞭草	0.005	0.005											1400	1400		70	70		
	紫花苜蓿	0.001	0.001											680	680		6.8	6.8		
武隆区	白三叶	0.002		0.002	0.001		0.001							300		300	6		6	
	多年生黑麦草	0.005		0.005	0.005		0.005	0.013			0.006	0.003	0.004	800		800	40		40	
	狼尾草	0.042	0.042		0.042	0.042		0.001				0.001		2300	2300		966	966		4500
忠　县	白三叶	0.03		0.03	0.03		0.03							280		280	84		84	
	多年生黑麦草	0.029	0.029		0.029	0.029		0.001					0.001	616	616		178.64	178.64		
	红三叶	0.002		0.002	0.002		0.002							350		350	7		7	
	狼尾草	0.106	0.106					0.003				0.003		2451	2451		2598.06	2598.06		
	苇状羊茅	0.005	0.005											400	400		20	20		

续表

行政区名称	牧草种类	年末保留种草面积/万亩			当年新增种草面积/万亩			农闲田种草面积/万亩						单位面积产量(公斤/亩)			产量(折合干草)/吨			鲜草实际青贮量/吨
		合计	人工保留面积	改良保留面积	合计	当年人工种草面积	当年改良种草面积	合计	冬闲田种草面积	夏秋闲田种草面积	果园隙地种草面积	四边地种草面积	其他种草面积	平均单产	人工种草单产	改良种草单产	总产量	人工种草产量	改良种草产量	
云阳县	白三叶	0.015	0.015		0.015	0.015		0.015					0.015	500	500		75	75		
	多年生黑麦草	0.102	0.102		0.102	0.102		0.102				0.01	0.092	800	800		816	816		
	狗尾草	0.001	0.001		0.001	0.001		0.001					0.001	1000	1000		10	10		
	红三叶	0.001	0.001		0.001	0.001		0.001					0.001	500	500		5	5		
	菊苣	0.002	0.002		0.002	0.002		0.002					0.002	1000	1000		20	20		
	狼尾草	0.097	0.097		0.097	0.097		0.097					0.097	2000	2000		1940	1940		
	木本蛋白饲料	0.025	0.025		0.025	0.025		0.025					0.025	600	600		150	150		
	紫花苜蓿	0.014	0.014		0.014	0.014		0.014					0.014	600	600		84	84		
奉节县	白三叶	0.213	0.11	0.103	0.013	0.01	0.003	0.086			0.046	0.04		500.7	520	480	1066.4	572	494.4	
	多年生黑麦草	0.412	0.412		0.002	0.002		0.092			0.046	0.046		1080	1080		4449.6	4449.6		
	红三叶	0.317	0.211	0.106	0.017	0.011	0.006	0.092			0.043	0.049		559.9	580	520	1775	1223.8	551.2	
	聚合草	0.105	0.105		0.005	0.005		0.105			0.061	0.044		790	790		829.5	829.5		
	狼尾草	0.022	0.022		0.022	0.022								2380	2380		523.6	523.6		1100
	紫花苜蓿	0.19	0.19		0.01	0.01		0.09				0.09		780	780		1482	1482		

续表

行政区名称	牧草种类	年末保留种草面积/万亩			当年新增种草面积/万亩			农闲田种草面积/万亩						单位面积产量(公斤/亩)			产量(折合干草)/吨			鲜草实际青贮量/吨
		合计	人工保留面积	改良保留面积	合计	当年人工种草面积	当年改良种草面积	合计	冬闲田种草面积	夏秋闲田种草面积	果园隙地种草面积	四边地种草面积	其他种草面积	平均单产	人工种草单产	改良种草单产	总产量	人工种草产量	改良种草产量	
巫山县	白三叶	0.218	0.064	0.154	0.005	0.005		0.108			0.101		0.007	532.3	550	525	1160.5	352	808.5	
	多年生黑麦草	0.19	0.162	0.028	0.19	0.162	0.028	0.2			0.025	0.015	0.16	977.9	1000	850	1858	1620	238	
	狗尾草	0.012		0.012	0.012		0.012							950		950	114		114	
	红三叶	0.17	0.165	0.005	0.17	0.165	0.005	0.172			0.151	0.014	0.007	611.2	610	650	1039	1006.5	32.5	
	菊苣	0.094	0.064	0.03	0.064	0.064								661.8	665	655	622.1	425.6	196.5	
	苇状羊茅	0.116	0.074	0.042	0.116	0.074	0.042							1095.7	1150	1000	1271	851	420	
	紫花苜蓿	0.551	0.385	0.166				0.343			0.232	0.048	0.063	854.8	900	750	4710	3465	1245	
巫溪县	白三叶	0.06	0.033	0.027	0.033	0.006	0.027	0.033					0.033	410	500	300	246	165	81	
	多年生黑麦草	0.496	0.361	0.135	0.146	0.011	0.135	0.347			0.05		0.297	545.6	600	400	2706	2166	540	
	红三叶	5.447	3.654	1.793	3.654	3.654		3.655			0.089	0.013	3.553	450.6	500	350	24545.5	18270	6275.5	
	菊苣	0.254	0.254		0.254	0.254		0.254					0.254	500	500		1270	1270		
	狼尾草	0.033	0.033		0.033	0.033		0.033				0.002	0.031	1200	1200		396	396		
	木本蛋白饲料	0.05	0.05		0.05	0.05		0.05					0.05	500	500		250	250		
	紫花苜蓿	0.058	0.047	0.011	0.058	0.047	0.011	0.047			0.002		0.045	543.1	600	300	315	282	33	

续表

行政区名称	牧草种类	年末保留种草面积/万亩			当年新增种草面积/万亩			农闲田种草面积/万亩						单位面积产量(公斤/亩)			产量(折合干草)/吨			鲜草实际青贮量/吨
		合计	人工保留面积	改良保留面积	合计	当年人工种草面积	当年改良种草面积	合计	冬闲田种草面积	夏秋闲田种草面积	果园隙地种草面积	四边地种草面积	其他种草面积	平均单产	人工种草单产	改良种草单产	总产量	人工种草产量	改良种草产量	
石柱县	白三叶	0.49	0.49		0.49	0.49		0.1					0.1	500	500		2450	2450		
	多年生黑麦草	0.737	0.737					0.1			0.1			800	800		5896	5896		
	红三叶	0.06	0.06					0.1					0.1	500	500		300	300		
	鸭茅	0.005	0.005		0.005	0.005		0.1			0.1			1100	1100		55	55		
秀山县	多年生黑麦草	0.007	0.007		0.007	0.007								960	960		67.2	67.2		
	狼尾草	0.223	0.223		0.223	0.223								2600	2600		5798	5798		
	牛鞭草	0.002	0.002		0.002	0.002								1400	1400		28	28		
酉阳县	白三叶	0.566	0.066	0.5	0.066	0.066								546.6	900	500	3094	594	2500	
	多年生黑麦草	0.726	0.473	0.253	0.626	0.373	0.253							1143.2	1300	850	8299.5	6149	2150.5	
	红三叶	0.1	0.05	0.05	0.1	0.05	0.05							700	900	500	700	450	250	
	菊苣	0.001	0.001		0.001	0.001								750	750		7.5	7.5		
	狼尾草	0.14	0.14											2900	2900		4060	4060		5000
	牛鞭草	0.005	0.005		0.005	0.005								2000	2000		100	100		
	其他多年生牧草	0.017	0.017		0.017	0.017								1100	1100		187	187		
	苇状羊茅	0.01		0.01	0.01		0.01							500		500	50		50	

续表

行政区名称	牧草种类	年末保留种草面积/万亩			当年新增种草面积/万亩			农闲田种草面积/万亩						单位面积产量(公斤/亩)			产量(折合干草)/吨			鲜草实际青贮量/吨
		合计	人工保留面积	改良保留面积	合计	当年人工种草面积	当年改良种草面积	合计	冬闲田种草面积	夏秋闲田种草面积	果园隙地种草面积	四边地种草面积	其他种草面积	平均单产	人工种草单产	改良种草单产	总产量	人工种草产量	改良种草产量	
酉阳县	鸭茅	0.03	0.03		0.03	0.03								1200	1200		360	360		
	紫花苜蓿	0.025	0.025		0.025	0.025								700	700		175	175		
彭水县	白三叶	0.2	0.2											520	520		1040	1040		
	红三叶	0.1	0.1											820	820		820	820		
	狼尾草	0.1	0.1		0.1	0.1								2250	2250		2250	2250		5000

表3-3-1　2018年白三叶生产情况

行政区名称	年末保留种草面积/万亩			当年新增种草面积/万亩			当年耕地种草面积/万亩	农闲田种草面积/万亩						单位面积产量（公斤/亩）			产量（折合干草）/吨			鲜草实际青贮量/吨
	合计	人工保留面积	改良保留面积	合计	当年人工种草面积	当年改良种草面积		合计	冬闲田种草面积	夏秋闲田种草面积	果园隙地种草面积	四边地种草面积	其他种草面积	平均单产	人工种草单产	改良种草单产	总产量	人工种草产量	改良种草产量	
重庆市	7.353	4.695	2.658	1.59	1.107	0.483		3.141			2.143	0.625	0.373	455.50	505.76	366.71	33492.82	23745.62	9747.2	5
万州区	2.942	1.461	1.481	0.85	0.438	0.412		1.798			1.709	0.071	0.018	352.2	395	310	10362.05	5770.95	4591.1	
涪陵区	0.013	0.013		0.013	0.013									870	870		113.1	113.1		
黔江区	0.018	0.003	0.015	0.013	0.003	0.01								500	500	500	90	15	75	
南川区	0.45	0.45		0.01	0.01			0.45				0.25	0.2	500	500		2250	2250		
梁平区	0.05	0.05		0.05	0.05									515	515		257.5	257.5		
城口县	0.347	0.001	0.346	0.001	0.001			0.551			0.287	0.264		320.5	487	320	1112.07	4.87	1107.2	5
丰都县	1.739	1.739												580	580		10086.2	10086.2		
武隆区	0.002		0.002	0.001		0.001								300		300	6		6	
忠　县	0.03		0.03	0.03		0.03								280		280	84		84	
云阳县	0.015	0.015		0.015	0.015			0.015					0.015	500	500		75	75		
奉节县	0.213	0.11	0.103	0.013	0.01	0.003		0.086			0.046	0.04		500.7	520	480	1066.4	572	494.4	
巫山县	0.218	0.064	0.154	0.005	0.005			0.108			0.101		0.007	532.3	550	525	1160.5	352	808.5	
巫溪县	0.06	0.033	0.027	0.033	0.006	0.027		0.033					0.033	410	500	300	246	165	81	
石柱县	0.49	0.49		0.49	0.49			0.1					0.1	500	500		2450	2450		
酉阳县	0.566	0.066	0.5	0.066	0.066									546.6	900	500	3094	594	2500	
彭水县	0.2	0.2												520	520		1040	1040		

3-3-2 2018年红三叶生产情况

行政区名称	年末保留种草面积/万亩			当年新增种草面积/万亩			当年耕地种草面积/万亩	农闲田种草面积/万亩						单位面积产量（公斤/亩）			产量（折合干草）/吨			鲜草实际青贮量/吨
	合计	人工保留面积	改良保留面积	合计	当年人工种草面积	当年改良种草面积		合计	冬闲田种草面积	夏秋闲田种草面积	果园隙地种草面积	四边地种草面积	其他种草面积	平均单产	人工种草单产	改良种草单产	总产量	人工种草产量	改良种草产量	
重庆市	6.961	4.539	2.422	4.621	4.092	0.529		4.392			0.549	0.182	3.661	471.25	525.36	369.84	32803.74	23846.14	8957.6	40
万州区	0.622	0.196	0.426	0.622	0.196	0.426		0.19			0.18	0.01		449.9	580	390	2798.2	1136.8	1661.4	
黔江区	0.02	0.01	0.01	0.02	0.01	0.01								700	800	600	140	80	60	
开州区	0.051	0.021	0.03	0.034	0.004	0.03								474.1	580	400	241.8	121.8	120	
梁平区	0.02	0.02												570	570		114	114		
城口县	0.051	0.051		0.001	0.001			0.182			0.086	0.096		624	624		318.24	318.24		40
忠　县	0.002		0.002	0.002		0.002								350		350	7		7	
云阳县	0.001	0.001		0.001	0.001			0.001					0.001	500	500		5	5		
奉节县	0.317	0.211	0.106	0.017	0.011	0.006		0.092			0.043	0.049		559.9	580	520	1775	1223.8	551.2	
巫山县	0.17	0.165	0.005	0.17	0.165	0.005		0.172			0.151	0.014	0.007	611.2	610	650	1039	1006.5	32.5	
巫溪县	5.447	3.654	1.793	3.654	3.654			3.655			0.089	0.013	3.553	450.6	500	350	24545.5	18270	6275.5	
石柱县	0.06	0.06						0.1					0.1	500	500		300	300		
酉阳县	0.1	0.05	0.05	0.1	0.05	0.05								700	900	500	700	450	250	
彭水县	0.1	0.1												820	820		820	820		

表3-3-3　2018年多年生黑麦草生产情况

行政区名称	年末保留种草面积/万亩			当年新增种草面积/万亩			当年耕地种草面积/万亩	农闲田种草面积/万亩						单位面积产量/万亩			产量(折合干草)(公斤/亩)			鲜草实际青贮量/吨
	合计	人工保留面积	改良保留面积	合计	当年人工种草面积	当年改良种草面积		合计	冬闲田种草面积	夏秋闲田种草面积	果园隙地种草面积	四边地种草面积	其他种草面积	平均单产	人工种草单产	改良种草单产	总产量	人工种草产量	改良种草产量	
重庆市	6.109	5.412	0.697	1.78	1.183	0.597		1.848	0.05		0.316	0.191	1.291	926.2758226	954.1886548	709.5408895	56586.19	51640.69	4945.50	1618
綦江区	0.053	0.051	0.002	0.002		0.002		0.051			0.051			992.5	1000	800	526	510	16	
黔江区	0.18	0.13	0.05	0.07	0.04	0.03		0.005			0.001	0.004		1005.1	1084	800	1809.2	1409.2	400	
合川区	0.336	0.336		0.131	0.131			0.01				0.01		1050	1050		3528	3528		
永川区	0.015	0.015						0.005				0.005		720	720		108	108		
南川区	0.111	0.1	0.011	0.071	0.06	0.011		0.67	0.05			0.02	0.6	750	750	750	832.5	750	82.5	
铜梁区	0.143	0.118	0.025	0.143	0.118	0.025		0.05				0.03	0.02	938.8	1000	650	1342.5	1180	162.5	
潼南区	0.107	0.107		0.1	0.1			0.117					0.117	870	870		930.9	930.9		1182
开州区	0.487	0.299	0.188	0.128	0.02	0.108		0.045			0.017	0.028		822.8	900	700	4007	2691	1316	426
梁平区	0.08	0.08												803	803		642.4	642.4		
城口县	0.025	0.025		0.015	0.015			0.04			0.02	0.02		1011	1011		252.75	252.75		10
丰都县	1.855	1.855												980	980		18179	18179		
垫江县	0.013	0.013		0.013	0.013									900	900		117	117		
武隆区	0.005		0.005	0.005		0.005		0.013			0.006	0.003	0.004	800		800	40		40	
忠　县	0.029	0.029		0.029	0.029			0.001					0.001	616	616		178.64	178.64		
云阳县	0.102	0.102		0.102	0.102			0.102				0.01	0.092	800	800		816	816		
奉节县	0.412	0.412		0.002	0.002			0.092			0.046	0.046		1080	1080		4449.6	4449.6		
巫山县	0.19	0.162	0.028	0.19	0.162	0.028		0.2			0.025	0.015	0.16	977.9	1000	850	1858	1620	238	
巫溪县	0.496	0.361	0.135	0.146	0.011	0.135		0.347			0.05		0.297	545.6	600	400	2706	2166	540	
石柱县	0.737	0.737						0.1			0.1			800	800		5896	5896		
秀山县	0.007	0.007		0.007	0.007									960	960		67.2	67.2		
酉阳县	0.726	0.473	0.253	0.626	0.373	0.253								1143.2	1300	850	8299.5	6149	2150.5	

表3-3-4　2018年狼尾草生产情况

行政区名称	年末保留种草面积/万亩			当年新增种草面积/万亩			当年耕地种草面积/万亩	农闲田种草面积/万亩						单位面积产量(公斤/亩)			产量(折合干草)/吨			鲜草实际青贮量/吨
	合计	人工保留面积	改良保留面积	合计	当年人工种草面积	当年改良种草面积		合计	冬闲田种草面积	夏秋闲田种草面积	果园隙地种草面积	四边地种草面积	其他种草面积	平均单产	人工种草单产	改良种草单产	总产量	人工种草产量	改良种草产量	
重庆市	5.15	5.028	0.122	1.694	1.572	0.122		0.435	0.01		0.061	0.086	0.278	2429.11	2444.23	1806.15	125099.17	122895.67	2203.5	49449
万州区	0.258	0.258		0.258	0.258			0.038			0.004	0.031	0.003	2663.1	2663.05		6870.669	6870.669		
涪陵区	0.26	0.26		0.05	0.05									2250	2250		5850	5850		1800
綦江区	0.046	0.045	0.001	0.046	0.045	0.001		0.045			0.045			1806.1	1814	1450	830.8	816.3	14.5	
大足区	0.19	0.19		0.033	0.033									2424	2424		4605.6	4605.6		
黔江区	0.182	0.092	0.09	0.182	0.092	0.09		0.003			0.002	0.001		1879.9	1958	1800	3421.36	1801.36	1620	
江津区	0.059	0.053	0.006	0.009	0.003	0.006		0.008			0.001	0.007		2259.3	2300	1900	1333	1219	114	
合川区	1.698	1.698						0.009				0.009		2366	2366		40174.68	40174.68		4020
永川区	0.02	0.02						0.013			0.009		0.004	2450	2450		490	490		
南川区	0.01	0.01		0.01	0.01									2500	2500		250	250		
铜梁区	0.145	0.135	0.01	0.145	0.135	0.01		0.034				0.028	0.006	2486.2	2500	2300	3605	3375	230	
潼南区	0.091	0.091		0.091	0.091			0.128					0.128	2450	2450		2229.5	2229.5		3890
荣昌区	0.02	0.02		0.02	0.02			0.011				0.002	0.009	2500	2500		500	500		950
开州区	0.333	0.318	0.015	0.333	0.318	0.015		0.012	0.01			0.002		2359.5	2400	1500	7857	7632	225	689
梁平区	0.18	0.18												2618	2618		4712.4	4712.4		2000
丰都县	0.875	0.875												2690	2690		23537.5	23537.5		20500
垫江县	0.02	0.02												1500	1500		300	300		
武隆区	0.042	0.042		0.042	0.042			0.001				0.001		2300	2300		966	966		4500
忠　县	0.106	0.106						0.003				0.003		2451	2451		2598.06	2598.06		
云阳县	0.097	0.097		0.097	0.097			0.097					0.097	2000	2000		1940	1940		
奉节县	0.022	0.022		0.022	0.022									2380	2380		523.6	523.6		1100
巫溪县	0.033	0.033		0.033	0.033			0.033				0.002	0.031	1200	1200		396	396		
秀山县	0.223	0.223		0.223	0.223									2600	2600		5798	5798		
酉阳县	0.14	0.14												2900	2900		4060	4060		5000
彭水县	0.1	0.1		0.1	0.1									2250	2250		2250	2250		5000

表3-3-5　2018年紫花苜蓿生产情况

行政区名称	年末保留种草面积/万亩			当年新增种草面积/万亩			当年耕地种草面积/万亩	农闲田种草面积/万亩						单位面积产量(公斤/亩)			产量(折合干草)/吨			鲜草实际青贮量/吨
	合计	人工保留面积	改良保留面积	合计	当年人工种草面积	当年改良种草面积		合计	冬闲田种草面积	夏秋闲田种草面积	果园隙地种草面积	四边地种草面积	其他种草面积	平均单产	人工种草单产	改良种草单产	总产量	人工种草产量	改良种草产量	
重庆市	0.96	0.764	0.196	0.131	0.115	0.016		0.56			0.258	0.168	0.134	808.876041	7831.702879	6719.897959	27765.21	6354.21	1411	
万州区	0.041	0.022	0.019	0.015	0.01	0.005		0.013				0.003	0.01	796.6	880	700	326.6	193.6	133	
铜梁区	0.002	0.002		0.002	0.002			0.002				0.002		890	890		17.8	17.8		
潼南区	0.002	0.002						0.002					0.002	810	810		16.2	16.2		
荣昌区	0.007	0.007		0.007	0.007									780	780		54.6	54.6		
梁平区	0.02	0.02												757	757		151.4	151.4		
城口县	0.049	0.049						0.049			0.024	0.025		869	869		425.81	425.81		
垫江县	0.001	0.001												680	680		6.8	6.8		
云阳县	0.014	0.014		0.014	0.014			0.014					0.014	600	600		84	84		
奉节县	0.19	0.19		0.01	0.01			0.09				0.09		780	780		1482	1482		
巫山县	0.551	0.385	0.166					0.343			0.232	0.048	0.063	854.8	900	750	4710	3465	1245	
巫溪县	0.058	0.047	0.011	0.058	0.047	0.011		0.047			0.002		0.045	543.1	600	300	315	282	33	
酉阳县	0.025	0.025		0.025	0.025									700	700		175	175		

四、2019年多年生牧草生产情况

表3-4　2019年多年生牧草生产情况

行政区名称	牧草种类	年末保留种草面积/万亩			当年新增种草面积/万亩			当年耕地种草面积/万亩	农闲田种草面积/万亩						单位面积产量(公斤/亩)			产量(折合干草)/吨			鲜草实际青贮量/吨
		合计	人工保留面积	改良保留面积	合计	当年人工种草面积	当年改良种草面积		合计	冬闲田种草面积	夏秋闲田种草面积	果园隙地种草面积	四边地种草面积	其他种草面积	平均单产	人工种草单产	改良种草单产	总产量	人工种草产量	改良种草产量	
重庆市		26.481	20.924	5.557	2.602	2.281	0.321	1.744	1.154			0.197	0.475	0.482	985.95	1126.25	457.69	261090.21	235656.32	25433.89	42271
万州区	白三叶	2.863	1.442	1.421	0.065	0.045	0.02	0.065	0.03			0.02	0.01		326.7	347	306	9352	5003.74	4348.26	
	串叶松香草	0.022	0.022		0.022	0.022		0.022	0.022				0.022		645	645		141.9	141.9		
	红三叶	0.337	0.152	0.185											531.2	563	505	1790.01	855.76	934.25	
	菊苣	0.025	0.025		0.015	0.015		0.015	0.015				0.015		672	672		168	168		
	聚合草	0.074	0.074												669	669		495.06	495.06		
	狼尾草	0.271	0.268	0.003	0.055	0.055		0.055	0.038				0.024	0.014	2657.7	2674	1200	7202.32	7166.32	36	
	其他多年生牧草	0.03	0.03		0.03	0.03		0.03	0.03					0.03	750	750		225	225		
	苇状羊茅	0.01	0.01												620	620		62	62		
	紫花苜蓿	0.04	0.031	0.009	0.015	0.01	0.005	0.015	0.015				0.01	0.005	754.3	770	700	301.7	238.7	63	
涪陵区	狼尾草	0.26	0.26												2300	2300		5980	5980		
綦江区	多年生黑麦草	0.124	0.122	0.002	0.084	0.084		0.084	0.084			0.084			983.3	986	821	1219.34	1202.92	16.42	
	狗尾草	0.015	0.015		0.007	0.007		0.007	0.007				0.007		500	500		75	75		
	菊苣	0.013	0.009	0.004	0.013	0.009	0.004	0.009	0.009				0.009		513.1	550	430	66.7	49.5	17.2	
	狼尾草	0.05	0.049	0.001	0.004	0.004		0.004	0.004			0.004			1817.2	1823	1531	908.58	893.27	15.31	
	木本蛋白饲料	0.085	0.085		0.085	0.085		0.085	0.085					0.085	540	540		459	459		

续表

行政区名称	牧草种类	年末保留种草面积/万亩			当年新增种草面积/万亩			当年耕地种草面积/万亩	农闲田种草面积/万亩						单位面积产量（公斤/亩）			产量（折合干草）/吨			鲜草实际青贮量/吨
		合计	人工保留面积	改良保留面积	合计	当年人工种草面积	当年改良种草面积		合计	冬闲田种草面积	夏秋闲田种草面积	果园隙地种草面积	四边地种草面积	其他种草面积	平均单产	人工种草单产	改良种草单产	总产量	人工种草产量	改良种草产量	
大足区	狼尾草	0.191	0.19	0.001	0.034	0.033	0.001	0.006							2422.3	2424	2100	4626.6	4605.6	21	
黔江区	白三叶	0.024	0.009	0.015	0.006	0.006									468.8	500	450	112.5	45	67.5	
	多年生黑麦草	0.183	0.13	0.053	0.003		0.003								823.7	870	710	1507.3	1131	376.3	
	菊苣	0.002	0.002		0.002	0.002		0.002							600	600		12	12		
	狼尾草	0.215	0.125	0.09	0.033	0.033		0.033							2131.4	2226	2000	4582.5	2782.5	1800	
长寿区	狼尾草	0.114	0.114		0.114	0.114		0.114							2400	2400		2736	2736		
江津区	菊苣	0.003	0.003												580	580		17.4	17.4		
	狼尾草	0.059	0.053	0.006	0.003	0.003		0.003							2259.3	2300	1900	1333	1219	114	30
	牛鞭草	0.18	0.18												1740	1740		3132	3132		
合川区	多年生黑麦草	0.309	0.309												950	950		2935.5	2935.5		
	狼尾草	1.32	1.32												2460	2460		32472	32472		5220
永川区	多年生黑麦草	0.002	0.002												1200	1200		24	24		
	狼尾草	0.02	0.02												2640	2640		528	528		
南川区	白三叶	0.46	0.46		0.45	0.45		0.44	0.43				0.25	0.18	550	550		2530	2530		
	多年生黑麦草	0.12	0.11	0.01	0.11	0.1	0.01	0.1	0.065				0.015	0.05	760	760	760	912	836	76	
	狼尾草	0.015	0.015		0.01	0.01									2550	2550		382.5	382.5		

续表

行政区名称	牧草种类	年末保留种草面积/万亩			当年新增种草面积/万亩			当年耕地种草面积/万亩	农闲田种草面积/万亩						单位面积产量(公斤/亩)			产量(折合干草)/吨			鲜草实际青贮量/吨
		合计	人工保留面积	改良保留面积	合计	当年人工种草面积	当年改良种草面积		合计	冬闲田种草面积	夏秋闲田种草面积	果园隙地种草面积	四边地种草面积	其他种草面积	平均单产	人工种草单产	改良种草单产	总产量	人工种草产量	改良种草产量	
铜梁区	多年生黑麦草	0.13	0.11	0.02											946.2	1000	650	1230	1100	130	
	菊苣	0.002	0.002												700	700		14	14		
	狼尾草	0.14	0.13	0.01											2485.7	2500	2300	3480	3250	230	
	牛鞭草	0.001	0.001		0.001	0.001									1520	1520		15.2	15.2		
	紫花苜蓿	0.002	0.002												890	890		17.8	17.8		
潼南区	多年生黑麦草	0.107	0.107												890	890		952.3	952.3		960
	狼尾草	0.093	0.093		0.002	0.002		0.002	0.002					0.002	2480	2480		2306.4	2306.4		3780
	紫花苜蓿	0.002	0.002												800	800		16	16		
荣昌区	狼尾草	0.037	0.036	0.001	0.017	0.016	0.001	0.016	0.015			0.001	0.012	0.002	2500	2500	2500	925	900	25	960
	牛鞭草	0.007	0.006	0.001	0.006	0.005	0.001	0.005	0.005			0.002	0.002	0.001	1300	1300	1300	91	78	13	
	其他多年生牧草	0.022	0.021	0.001	0.009	0.008	0.001	0.007	0.006			0.002	0.002	0.002	1643.2	1650	1500	361.5	346.5	15	
	紫花苜蓿	0.011	0.01	0.001	0.005	0.004	0.001	0.005	0.005			0.002	0.002	0.001	780	780	780	85.8	78	7.8	1
开州区	多年生黑麦草	0.498	0.302	0.196	0.123	0.025	0.098	0.053	0.049			0.02	0.029		833.4	920	700	4150.4	2778.4	1372	960
	狗尾草	0.08	0.08		0.08	0.08									1320	1320		1056	1056		
	红三叶	0.043	0.023	0.02	0.002	0.002		0.002							507	600	400	218	138	80	
	狼尾草	0.35	0.35		0.07	0.07		0.02							2200	2200		7700	7700		
	牛鞭草	0.039	0.039		0.005	0.005		0.005	0.001			0.001			1520	1520		592.8	592.8		

续表

行政区名称	牧草种类	年末保留种草面积/万亩			当年新增种草面积/万亩			当年耕地种草面积/万亩	农闲田种草面积/万亩						单位面积产量(公斤/亩)			产量(折合干草)/吨			鲜草实际青贮量/吨
		合计	人工保留面积	改良保留面积	合计	当年人工种草面积	当年改良种草面积		合计	冬闲田种草面积	夏秋闲田种草面积	果园隙地种草面积	四边地种草面积	其他种草面积	平均单产	人工种草单产	改良种草单产	总产量	人工种草产量	改良种草产量	
梁平区	白三叶	0.102	0.102		0.052	0.052									519	519		529.38	529.38		
	多年生黑麦草	0.08	0.08												803	803		642.4	642.4		
	菊苣	0.01	0.01		0.006	0.006		0.005	0.003			0.001		0.002	708	708		70.8	70.8		
	狼尾草	0.21	0.21		0.03	0.03									2618	2618		5497.8	5497.8		2100
	紫花苜蓿	0.02	0.02												757	757		151.4	151.4		
城口县	白三叶	0.348	0.002	0.346	0.001	0.001		0.001	0.001				0.001		410.9	570	410	1430	11.4	1418.6	
	多年生黑麦草	0.037	0.037		0.015	0.015		0.015	0.015			0.007	0.008		1011	1011		374.07	374.07		90
	红三叶	0.061	0.061		0.01	0.01		0.01	0.01			0.003	0.007		624	624		380.64	380.64		70
	菊苣	0.02	0.02												1100	1100		220	220		
	紫花苜蓿	0.047	0.047												869	869		408.43	408.43		
丰都县	白三叶	1.737	1.737												570	570		9900.9	9900.9		
	多年生黑麦草	1.832	1.832												970	970		17770.4	17770.4		
	狼尾草	0.869	0.869												2680	2680		23289.2	23289.2		20000
垫江县	多年生黑麦草	0.013	0.013												910	910		118.3	118.3		
	狼尾草	0.02	0.02												1520	1520		304	304		
	牛鞭草	0.004	0.004												1390	1390		55.6	55.6		
	紫花苜蓿	0.001	0.001												690	690		6.9	6.9		

续表

行政区名称	牧草种类	年末保留种草面积/万亩			当年新增种草面积/万亩			当年耕地种草面积/万亩	农闲田种草面积/万亩						单位面积产量(公斤/亩)			产量(折合干草)/吨			鲜草实际青贮量/吨
		合计	人工保留面积	改良保留面积	合计	当年人工种草面积	当年改良种草面积		合计	冬闲田种草面积	夏秋闲田种草面积	果园隙地种草面积	四边地种草面积	其他种草面积	平均单产	人工种草单产	改良种草单产	总产量	人工种草产量	改良种草产量	
武隆区	白三叶	0.004	0.002	0.002	0.002	0.002		0.002	0.002			0.001	0.001		400	500	300	16	10	6	
	多年生黑麦草	0.015	0.015		0.01	0.01		0.01	0.01			0.001	0.004	0.005	800	800		120	120		
	狼尾草	0.08	0.08		0.038	0.038		0.038	0.038			0.011	0.012	0.015	2300	2300		1840	1840		
忠　县	白三叶	0.05	0.02	0.03	0.02	0.02									380	395	370	190	79	111	
	多年生黑麦草	0.022	0.022												616	616		135.52	135.52		
	红三叶	0.002		0.002											540	550	540	10.8		10.8	
	狼尾草	0.141	0.141		0.035	0.035									2451	2451		3455.91	3455.91		3000
	苇状羊茅	0.004	0.004												400	400		16	16		
云阳县	白三叶	0.016	0.016		0.008	0.008		0.008							500	500		80	80		
	多年生黑麦草	0.11	0.11		0.05	0.05		0.05	0.01				0.01		800	800		880	880		
	狗尾草	0.001	0.001												1000	1000		10	10		
	红三叶	0.002	0.002		0.001	0.001		0.001							500	500		10	10		
	菊苣	0.002	0.002		0.001	0.001		0.001							800	800		16	16		
	狼尾草	0.098	0.098		0.046	0.046		0.046							2000	2000		1960	1960		
	木本蛋白饲料	0.023	0.023		0.012	0.012		0.012							600	600		138	138		
	紫花苜蓿	0.015	0.015		0.008	0.008		0.008							600	600		90	90		

续表

行政区名称	牧草种类	年末保留种草面积/万亩			当年新增种草面积/万亩			当年耕地种草面积/万亩	农闲田种草面积/万亩						单位面积产量(公斤/亩)			产量(折合干草)/吨			鲜草实际青贮量/吨
		合计	人工保留面积	改良保留面积	合计	当年人工种草面积	当年改良种草面积		合计	冬闲田种草面积	夏秋闲田种草面积	果园隙地种草面积	四边地种草面积	其他种草面积	平均单产	人工种草单产	改良种草单产	总产量	人工种草产量	改良种草产量	
奉节县	白三叶	0.218	0.113	0.105	0.005	0.003	0.002	0.005	0.005			0.003	0.002		501.5	540	460	1093.2	610.2	483	
	多年生黑麦草	0.422	0.422		0.01	0.01		0.01	0.01			0.008	0.002		1020	1020		4304.4	4304.4		
	红三叶	0.32	0.213	0.107	0.003	0.002	0.001	0.003	0.003			0.003			593.3	620	540	1898.4	1320.6	577.8	
	聚合草	0.108	0.108		0.003	0.003		0.002	0.002			0.001	0.001		780	780		842.4	842.4		
	狼尾草	0.027	0.027		0.005	0.005		0.005	0.005			0.002	0.003		2480	2480		669.6	669.6		
	紫花苜蓿	0.194	0.194		0.004	0.004		0.004	0.004				0.003	0.001	790	790		1532.6	1532.6		
巫山县	白三叶	0.223	0.066	0.157	0.005	0.002	0.003	0.002	0.002			0.002			532.4	550	525	1187.25	363	824.25	
	紫花苜蓿	0.553	0.387	0.166	0.002	0.002		0.002	0.002			0.002			855	900	750	4728	3483	1245	
巫溪县	白三叶	0.061	0.034	0.027	0.033	0.006	0.027	0.006	0.006			0.001	0.002	0.003	409.2	480	320	249.6	163.2	86.4	
	多年生黑麦草	0.486	0.358	0.128	0.139	0.011	0.128	0.025	0.025			0.002	0.002	0.021	556	610	405	2702.2	2183.8	518.4	
	红三叶	4.954	3.262	1.692	0.02	0.02		0.02	0.02			0.01	0.005	0.005	447.2	495	355	22153.5	16146.9	6006.6	
	狼尾草	0.036	0.036		0.003	0.003		0.003	0.003				0.003		1205	1205		433.8	433.8		
	木本蛋白饲料	0.06	0.06		0.01	0.01		0.01	0.01					0.01	520	520		312	312		
	紫花苜蓿	0.066	0.051	0.015	0.064	0.049	0.015	0.051	0.051			0.003		0.048	551.8	620	320	364.2	316.2	48	
石柱县	白三叶	0.47	0.47												500	500		2350	2350		
	多年生黑麦草	0.76	0.76		0.023	0.023									800	800		6080	6080		
	红三叶	0.052	0.052												500	500		260	260		
	鸭茅	0.007	0.007		0.002	0.002									1100	1100		77	77		

续表

行政区名称	牧草种类	年末保留种草面积/万亩			当年新增种草面积/万亩			当年耕地种草面积/万亩	农闲田种草面积/万亩						单位面积产量(公斤/亩)			产量(折合干草)/吨			鲜草实际青贮量/吨
		合计	人工保留面积	改良保留面积	合计	当年人工种草面积	当年改良种草面积		合计	冬闲田种草面积	夏秋闲田种草面积	果园隙地种草面积	四边地种草面积	其他种草面积	平均单产	人工种草单产	改良种草单产	总产量	人工种草产量	改良种草产量	
秀山县	多年生黑麦草	0.007	0.007		0.004	0.004									950	950		66.5	66.5		
	狼尾草	0.223	0.223		0.04	0.04									2500	2500		5575	5575		
	牛鞭草	0.001	0.001												1350	1350		13.5	13.5		
西阳县	白三叶	0.546	0.096	0.45	0.03	0.03		0.02							570.3	900	500	3114	864	2250	
	串叶松香草	0.003	0.003		0.003	0.003									1200	1200		36	36		
	多年生黑麦草	0.873	0.643	0.23	0.17	0.17		0.1							1168.3	1300	800	10199	8359	1840	
	红三叶	0.1	0.06	0.04	0.01	0.01		0.01							740	900	500	740	540	200	
	菊苣	0.011	0.011		0.01	0.01									750	750		82.5	82.5		
	狼尾草	0.17	0.17		0.03	0.03		0.02							2900	2900		4930	4930		5100
	牛鞭草	0.009	0.009		0.004	0.004									2000	2000		180	180		
	其他多年生牧草	0.015	0.015												1100	1100		165	165		
	苇状羊茅	0.03	0.02	0.01	0.02	0.02		0.02							700	800	500	210	160	50	
	鸭茅	0.05	0.05		0.02	0.02		0.01							1200	1200		600	600		
	紫花苜蓿	0.03	0.03		0.005	0.005		0.005							700	700		210	210		
彭水县	白三叶	0.2	0.2												520	520		1040	1040		
	红三叶	0.1	0.1												820	820		820	820		
	狼尾草	0.1	0.1		0.1	0.1									2250	2250		2250	2250		

表3-4-1　2019年白三叶生产情况

行政区名称	年末保留种草面积/万亩			当年新增种草面积/万亩			当年耕地种草面积/万亩	农闲田种草面积/万亩						单位面积产量（公斤/亩）			产量（折合干草）/吨			鲜草实际青贮量/吨
	合计	人工保留面积	改良保留面积	合计	当年人工种草面积	当年改良种草面积		合计	冬闲田种草面积	夏秋闲田种草面积	果园隙地种草面积	四边地种草面积	其他种草面积	平均单产	人工种草单产	改良种草单产	总产量	人工种草产量	改良种草产量	
重庆市	7.322	4.769	2.553	0.677	0.625	0.052	0.549	0.476			0.027	0.266	0.183	453.0842666	494.44	375.83	33174.83	23579.82	9595.01	
万州区	2.863	1.442	1.421	0.065	0.045	0.02	0.065	0.03			0.02	0.01		326.7	347	306	9352	5003.74	4348.26	
黔江区	0.024	0.009	0.015	0.006	0.006									468.8	500	450	112.5	45	67.5	
南川区	0.46	0.46		0.45	0.45		0.44	0.43				0.25	0.18	550	550		2530	2530		
梁平区	0.102	0.102		0.052	0.052									519	519		529.38	529.38		
城口县	0.348	0.002	0.346	0.001	0.001		0.001	0.001				0.001		410.9	570	410	1430	11.4	1418.6	
丰都县	1.737	1.737												570	570		9900.9	9900.9		
武隆区	0.004	0.002	0.002	0.002	0.002		0.002	0.002			0.001	0.001		400	500	300	16	10	6	
忠　县	0.05	0.02	0.03	0.02	0.02									380	395	370	190	79	111	
云阳县	0.016	0.016		0.008	0.008		0.008							500	500		80	80		
奉节县	0.218	0.113	0.105	0.005	0.003	0.002	0.005	0.005			0.003	0.002		501.5	540	460	1093.2	610.2	483	
巫山县	0.223	0.066	0.157	0.005	0.002	0.003	0.002	0.002			0.002			532.4	550	525	1187.25	363	824.25	
巫溪县	0.061	0.034	0.027	0.033	0.006	0.027	0.006	0.006			0.001	0.002	0.003	409.2	480	320	249.6	163.2	86.4	
石柱县	0.47	0.47												500	500		2350	2350		
酉阳县	0.546	0.096	0.45	0.03	0.03		0.02							570.3	900	500	3114	864	2250	
彭水县	0.2	0.2												520	520		1040	1040		

表 3-4-2　2018 年红三叶生产情况

行政区名称	年末保留种草面积/万亩			当年新增种草面积/万亩			当年耕地种草面积/万亩	农闲田种草面积/万亩						单位面积产量/万亩			产量（折合干草）（公斤/亩）			鲜草实际青贮量/吨
	合计	人工保留面积	改良保留面积	合计	当年人工种草面积	当年改良种草面积		合计	冬闲田种草面积	夏秋闲田种草面积	果园隙地种草面积	四边地种草面积	其他种草面积	平均单产	人工种草单产	改良种草单产	总产量	人工种草产量	改良种草产量	
重庆市	5.971	3.925	2.046	0.046	0.045	0.001	0.046	0.033			0.016	0.012	0.005	473.65	521.58	381.69	28281.35	20471.9	7809.45	70
万州区	0.337	0.152	0.185											531.2	563	505	1790.01	855.76	934.25	
开州区	0.043	0.023	0.02	0.002	0.002		0.002							507	600	400	218	138	80	
城口县	0.061	0.061		0.01	0.01		0.01	0.01			0.003	0.007		624	624		380.64	380.64		70
忠　县	0.002		0.002											540	550	540	10.8		10.8	
云阳县	0.002	0.002		0.001	0.001		0.001							500	500		10	10		
奉节县	0.32	0.213	0.107	0.003	0.002	0.001	0.003	0.003			0.003			593.3	620	540	1898.4	1320.6	577.8	
巫溪县	4.954	3.262	1.692	0.02	0.02		0.02	0.02			0.01	0.005	0.005	447.2	495	355	22153.5	16146.9	6006.6	
石柱县	0.052	0.052												500	500		260	260		
酉阳县	0.1	0.06	0.04	0.01	0.01		0.01							740	900	500	740	540	200	
彭水县	0.1	0.1												820	820		820	820		

表3-4-3　2019年多年生黑麦草生产情况

行政区名称	年末保留种草面积/万亩			当年新增种草面积/万亩			当年耕地种草面积/万亩	农闲田种草面积/万亩						单位面积产量(公斤/亩)			产量(折合干草)/吨			鲜草实际青贮量/吨
	合计	人工保留面积	改良保留面积	合计	当年人工种草面积	当年改良种草面积		合计	冬闲田种草面积	夏秋闲田种草面积	果园隙地种草面积	四边地种草面积	其他种草面积	平均单产	人工种草单产	改良种草单产	总产量	人工种草产量	改良种草产量	
重庆市	6.13	5.491	0.639	0.741	0.502	0.239	0.447	0.268			0.122	0.07	0.076	918.82	946.9	677.48	56323.63	51994.51	4329.12	2010
綦江区	0.124	0.122	0.002	0.084	0.084		0.084	0.084			0.084			983.3	986	821	1219.34	1202.92	16.42	
黔江区	0.183	0.13	0.053	0.003		0.003								823.7	870	710	1507.3	1131	376.3	
合川区	0.309	0.309												950	950		2935.5	2935.5		
永川区	0.002	0.002												1200	1200		24	24		
南川区	0.12	0.11	0.01	0.11	0.1	0.01	0.1	0.065				0.015	0.05	760	760	760	912	836	76	
铜梁区	0.13	0.11	0.02											946.2	1000	650	1230	1100	130	
潼南区	0.107	0.107												890	890		952.3	952.3		960
开州区	0.498	0.302	0.196	0.123	0.025	0.098	0.053	0.049			0.02	0.029		833.4	920	700	4150.4	2778.4	1372	960
梁平区	0.08	0.08												803	803		642.4	642.4		
城口县	0.037	0.037		0.015	0.015		0.015	0.015			0.007	0.008		1011	1011		374.07	374.07		90

续表

行政区名称	年末保留种草面积/万亩			当年新增种草面积/万亩			当年耕地种草面积/万亩	农闲田种草面积/万亩						单位面积产量(公斤/亩)			产量(折合干草)/吨			鲜草实际青贮量/吨
	合计	人工保留面积	改良保留面积	合计	当年人工种草面积	当年改良种草面积		合计	冬闲田种草面积	夏秋闲田种草面积	果园隙地种草面积	四边地种草面积	其他种草面积	平均单产	人工种草单产	改良种草单产	总产量	人工种草产量	改良种草产量	
丰都县	1.832	1.832												970	970		17770.4	17770.4		
垫江县	0.013	0.013												910	910		118.3	118.3		
武隆区	0.015	0.015		0.01	0.01		0.01	0.01			0.001	0.004	0.005	800	800		120	120		
忠　县	0.022	0.022												616	616		135.52	135.52		
云阳县	0.11	0.11		0.05	0.05		0.05	0.01				0.01		800	800		880	880		
奉节县	0.422	0.422		0.01	0.01		0.01	0.01			0.008	0.002		1020	1020		4304.4	4304.4		
巫溪县	0.486	0.358	0.128	0.139	0.011	0.128	0.025	0.025			0.002	0.002	0.021	556	610	405	2702.2	2183.8	518.4	
石柱县	0.76	0.76		0.023	0.023									800	800		6080	6080		
秀山县	0.007	0.007		0.004	0.004									950	950		66.5	66.5		
酉阳县	0.873	0.643	0.23	0.17	0.17		0.1							1168.3	1300	800	10199	8359	1840	

表 3-4-4　2019年狼尾草生产情况

行政区名称	年末保留种草面积/万亩			当年新增种草面积/万亩			当年耕地种草面积/万亩	农闲田种草面积/万亩						单位面积产量(公斤/亩)			产量(折合干草)/吨			鲜草实际青贮量/吨
	合计	人工保留面积	改良保留面积	合计	当年人工种草面积	当年改良种草面积		合计	冬闲田种草面积	夏秋闲田种草面积	果园隙地种草面积	四边地种草面积	其他种草面积	平均单产	人工种草单产	改良种草单产	总产量	人工种草产量	改良种草产量	
重庆市	5.109	4.997	0.112	0.669	0.667	0.002	0.365	0.105			0.018	0.054	0.033	2453.87	2464.02	2001.17	125368.21	123126.9	2241.31	40190
万州区	0.271	0.268	0.003	0.055	0.055		0.055	0.038				0.024	0.014	2657.7	2674	1200	7202.32	7166.32	36	
涪陵区	0.26	0.26												2300	2300		5980	5980		
綦江区	0.05	0.049	0.001	0.004	0.004		0.004	0.004			0.004			1817.2	1823	1531	908.58	893.27	15.31	
大足区	0.191	0.19	0.001	0.034	0.033	0.001	0.006							2422.3	2424	2100	4626.6	4605.6	21	
黔江区	0.215	0.125	0.09	0.033	0.033		0.033							2131.4	2226	2000	4582.5	2782.5	1800	
长寿区	0.114	0.114		0.114	0.114		0.114							2400	2400		2736	2736		
江津区	0.059	0.053	0.006	0.003	0.003		0.003							2259.3	2300	1900	1333	1219	114	30
合川区	1.32	1.32												2460	2460		32472	32472		5220
永川区	0.02	0.02												2640	2640		528	528		
南川区	0.015	0.015		0.01	0.01									2550	2550		382.5	382.5		
铜梁区	0.14	0.13	0.01											2485.7	2500	2300	3480	3250	230	
潼南区	0.093	0.093		0.002	0.002		0.002	0.002					0.002	2480	2480		2306.4	2306.4		3780
荣昌区	0.037	0.036	0.001	0.017	0.016	0.001	0.016	0.015			0.001	0.012	0.002	2500	2500	2500	925	900	25	960
开州区	0.35	0.35		0.07	0.07		0.02							2200	2200		7700	7700		

续表

行政区名称	年末保留种草面积/万亩			当年新增种草面积/万亩			当年耕地种草面积/万亩	农闲田种草面积/万亩						单位面积产量(公斤/亩)			产量(折合干草)/吨			鲜草实际青贮量/吨
	合计	人工保留面积	改良保留面积	合计	当年人工种草面积	当年改良种草面积		合计	冬闲田种草面积	夏秋闲田种草面积	果园隙地种草面积	四边地种草面积	其他种草面积	平均单产	人工种草单产	改良种草单产	总产量	人工种草产量	改良种草产量	
梁平区	0.21	0.21		0.03	0.03									2618	2618		5497.8	5497.8		2100
丰都县	0.869	0.869												2680	2680		23289.2	23289.2		20000
垫江县	0.02	0.02												1520	1520		304	304		
武隆区	0.08	0.08		0.038	0.038		0.038	0.038			0.011	0.012	0.015	2300	2300		1840	1840		
忠　县	0.141	0.141		0.035	0.035									2451	2451		3455.91	3455.91		3000
云阳县	0.098	0.098		0.046	0.046		0.046							2000	2000		1960	1960		
奉节县	0.027	0.027		0.005	0.005		0.005	0.005			0.002	0.003		2480	2480		669.6	669.6		
巫溪县	0.036	0.036		0.003	0.003		0.003	0.003				0.003		1205	1205		433.8	433.8		
秀山县	0.223	0.223		0.04	0.04									2500	2500		5575	5575		
酉阳县	0.17	0.17		0.03	0.03		0.02							2900	2900		4930	4930		5100
彭水县	0.1	0.1		0.1	0.1									2250	2250		2250	2250		

表3-4-5 2019年紫花苜蓿生产情况

行政区名称	年末保留种草面积/万亩			当年新增种草面积/万亩			当年耕地种草面积/万亩	农闲田种草面积/万亩						单位面积产量(公斤/亩)			产量(折合干草)/吨			鲜草实际青贮量/吨
	合计	人工保留面积	改良保留面积	合计	当年人工种草面积	当年改良种草面积		合计	冬闲田种草面积	夏秋闲田种草面积	果园隙地种草面积	四边地种草面积	其他种草面积	平均单产	人工种草单产	改良种草单产	总产量	人工种草产量	改良种草产量	
重庆市	0.981	0.79	0.191	0.103	0.082	0.021	0.09	0.077			0.007	0.015	0.055	806.61	828.99	714.03	7912.83	6549.03	1363.8	
万州区	0.04	0.031	0.009	0.015	0.01	0.005	0.015	0.015				0.01	0.005	754.3	770	700	301.7	238.7	63	
铜梁区	0.002	0.002												890	890		17.8	17.8		
潼南区	0.002	0.002												800	800		16	16		
荣昌区	0.011	0.01	0.001	0.005	0.004	0.001	0.005	0.005			0.002	0.002	0.001	780	780	780	85.8	78	7.8	
梁平区	0.02	0.02												757	757		151.4	151.4		
城口县	0.047	0.047												869	869		408.43	408.43		
垫江县	0.001	0.001												690	690		6.9	6.9		
云阳县	0.015	0.015		0.008	0.008		0.008							600	600		90	90		
奉节县	0.194	0.194		0.004	0.004		0.004	0.004				0.003	0.001	790	790		1532.6	1532.6		
巫山县	0.553	0.387	0.166	0.002	0.002		0.002	0.002			0.002			855	900	750	4728	3483	1245	
巫溪县	0.066	0.051	0.015	0.064	0.049	0.015	0.051	0.051			0.003		0.048	551.8	620	320	364.2	316.2	48	
酉阳县	0.03	0.03		0.005	0.005		0.005							700	700		210	210		

五、2018年一年生牧草生产情况

表3-5　2018年一年生牧草生产情况

行政区名称	牧草种类	当年种草面积/万亩			当年耕地种草面积/万亩	农闲田种草面积/万亩						单位面积产量（公斤/亩）	干草总产量/吨	鲜草实际青贮量/吨
		总面积	其中：青贮专用型玉米品种面积	其中：粮饲兼用型玉米品种面积		合计	冬闲田种草面积	夏秋闲田种草面积	果园隙地种草面积	四边地种草面积	其他种草面积			
重庆市		31.701				14.806	5.426	5.71	0.121	0.995	2.554	949	300843.23	136694.7
万州区	多花黑麦草	0.488				0.489	0.045	0.01	0.033	0.052	0.349	756.5	3691.72	
	苏丹草	0.022				0.013		0.009		0.004		1150	253	
	饲用块根块茎作物	2.153				1.257	0.46	0.619	0.016	0.157	0.005	714.57	15384.692	9496.3
	墨西哥类玉米	0.006				0.003				0.003		1800	108	
涪陵区	青贮青饲高粱	0.027										1150	310.5	170
	多花黑麦草	0.112										910	1019.2	
	青贮专用玉米	0.087										1280	1113.6	420
綦江区	青贮专用玉米	0.007				0.007		0.007				850	59.5	
	饲用块根块茎作物	0.029				0.029		0.029				800	232	
	冬牧70黑麦	0.002				0.002	0.002					500	10	
	青贮青饲高粱	0.001				0.001		0.001				800	8	
	多花黑麦草	0.07				0.07	0.07					994	695.8	

续表

行政区名称	牧草种类	当年种草面积/万亩			当年耕地种草面积/万亩	农闲田种草面积/万亩						单位面积产量(公斤/亩)	干草总产量/吨	鲜草实际青贮量/吨
		总面积	其中:青贮专用型玉米品种面积	其中:粮饲兼用型玉米品种面积		合计	冬闲田种草面积	夏秋闲田种草面积	果园隙地种草面积	四边地种草面积	其他种草面积			
大足区	多花黑麦草	0.371				0.104	0.079	0.005		0.02		1353	5019.63	
	青贮专用玉米	0.031										1087	336.97	
	青贮青饲高粱	0.069										1204	830.76	
	饲用块根块茎作物	0.14										1027	1437.8	
黔江区	青贮青饲高粱	0.011										1280	140.8	
	多花黑麦草	0.06				0.011	0.002	0.008		0.001		1128	676.8	
	饲用块根块茎作物	0.588				0.083	0.057	0.022		0.004		695	4086.6	
	青贮专用玉米	1.541				0.1				0.1		1118	17228.38	20000
长寿区	青贮专用玉米	0.11										1100	1210	330
江津区	饲用块根块茎作物	0.019										1050	199.5	
	多花黑麦草	0.184				0.028	0.003		0.012	0.013		1530	2815.2	
合川区	多花黑麦草	0.724				0.003				0.003		1215	8796.6	438
	青贮专用玉米	0.394										1130	4452.2	3784

续表

行政区名称	牧草种类	当年种草面积/万亩			当年耕地种草面积/万亩	农闲田种草面积/万亩						单位面积产量（公斤/亩）	干草总产量/吨	鲜草实际青贮量/吨
		总面积	其中：青贮专用型玉米品种面积	其中：粮饲兼用型玉米品种面积		合计	冬闲田种草面积	夏秋闲田种草面积	果园隙地种草面积	四边地种草面积	其他种草面积			
合川区	墨西哥类玉米	0.03				0.001				0.001		1650	495	173
	青贮青饲高粱	0.093				0.003				0.003		1300	1209	615
永川区	多花黑麦草	0.002				0.008	0.005		0.001	0.001	0.001	1200	24	
	墨西哥类玉米	0.003										1260	37.8	
	饲用块根块茎作物	0.11										620	682	
南川区	青贮专用玉米	0.043										1120	481.6	
	冬牧70黑麦	0.084										700	588	
	饲用块根块茎作物	1.52										1300	19760	
	多花黑麦草	0.77				0.77	0.05			0.11	0.61	1400	10780	
	苏丹草	0.035				0.036		0.034			0.002	1300	455	
	青贮青饲高粱	0.019										1200	228	
璧山区	多花黑麦草	0.003				0.003				0.003		1500	45	

续表

行政区名称	牧草种类	当年种草面积/万亩			当年耕地种草面积/万亩	农闲田种草面积/万亩						单位面积产量（公斤/亩）	干草总产量/吨	鲜草实际青贮量/吨
		总面积	其中：青贮专用型玉米品种面积	其中：粮饲兼用型玉米品种面积		合计	冬闲田种草面积	夏秋闲田种草面积	果园隙地种草面积	四边地种草面积	其他种草面积			
铜梁区	青贮青饲高粱	0.114										1000	1140	
	冬牧70黑麦	0.004										1500	60	
	墨西哥类玉米	0.003				0.003		0.003				1650	49.5	
	多花黑麦草	0.419				0.32	0.012	0.01		0.006	0.292	1300	5447	
潼南区	饲用块根块茎作物	0.087				0.155		0.155				860	748.2	1280
	青贮专用玉米	0.207				0.403		0.403				1060	2194.2	1580
	多花黑麦草	0.288				0.389	0.389					1450	4176	3820
荣昌区	青贮青饲高粱	0.08										1140	912	1200
	多花黑麦草	0.06				0.001	0.001					1400	840	
	青贮专用玉米	0.08				0.001		0.001				1140	912	2000
开州区	墨西哥类玉米	0.015				0.015		0.015				1400	210	
	青贮专用玉米	1.77				0.001		0.001				1000	17700	230
	青贮青饲高粱	0.033				0.001		0.001				1200	396	
	饲用块根块茎作物	2.12				0.114		0.114				600	12720	
	多花黑麦草	0.512				0.07	0.029		0.01	0.031		1300	6656	235

续表

行政区名称	牧草种类	当年种草面积/万亩			当年耕地种草面积/万亩	农闲田种草面积/万亩						单位面积产量（公斤/亩）	干草总产量/吨	鲜草实际青贮量/吨
		总面积	其中：青贮专用型玉米品种面积	其中：粮饲兼用型玉米品种面积		合计	冬闲田种草面积	夏秋闲田种草面积	果园隙地种草面积	四边地种草面积	其他种草面积			
梁平区	青贮青饲高粱	0.001				0.003	0.001	0.001	0.001			1201	12.01	
	多花黑麦草	0.034				0.013	0.001	0.01	0.001	0.001		1317	447.78	
	苏丹草	0.007										1000	70	
城口县	饲用块根块茎作物	0.701				0.663	0.003	0.66				398	2789.98	350
	青贮青饲高粱	0.022				0.028			0.015	0.013		1165	256.3	500
	青贮专用玉米	0.033				0.028			0.015	0.013		1115	367.95	610
	多花黑麦草	0.001				0.002			0.001	0.001		1250	12.5	15
丰都县	燕麦	0.018										720	129.6	
	青贮专用玉米	0.852				0.584		0.584				1110	9457.2	8500
	多花黑麦草	0.487				0.487	0.467			0.02		1230	5990.1	
	冬牧70黑麦	0.002				0.002				0.002		1180	23.6	
	墨西哥类玉米	0.026										1340	348.4	
	青贮青饲高粱	0.614				0.499		0.499				1320	8104.8	7600

续表

行政区名称	牧草种类	当年种草面积/万亩			当年耕地种草面积/万亩	农闲田种草面积/万亩						单位面积产量(公斤/亩)	干草总产量/吨	鲜草实际青贮量/吨
		总面积	其中:青贮专用型玉米品种面积	其中:粮饲兼用型玉米品种面积		合计	冬闲田种草面积	夏秋闲田种草面积	果园隙地种草面积	四边地种草面积	其他种草面积			
垫江县	青贮青饲高粱	0.06										950	570	1100
	饲用块根块茎作物	0.63										670	4221	
	多花黑麦草	0.03										1000	300	
	青贮专用玉米	0.21										1200	2520	5000
	其他一年生牧草	0.001										1166	11.66	
武隆区	青贮青饲高粱	0.155				0.004		0.002		0.002		1200	1860	6250
	多花黑麦草	0.873										1200	10476	5238
	青贮专用玉米	0.663				0.014		0.012		0.002		1000	6630	26520
	饲用块根块茎作物	0.02										800	160	500
忠　县	青贮专用玉米	0.022										1350	297	
	苏丹草	0.002										1550	31	
	饲用块根块茎作物	0.106										455	482.3	
	多花黑麦草	0.045				0.022	0.021			0.001		973	437.85	
	青贮青饲高粱	0.002										1500	30	

续表

行政区名称	牧草种类	当年种草面积/万亩			当年耕地种草面积/万亩	农闲田种草面积/万亩						单位面积产量(公斤/亩)	干草总产量/吨	鲜草实际青贮量/吨
		总面积	其中：青贮专用型玉米品种面积	其中：粮饲兼用型玉米品种面积		合计	冬闲田种草面积	夏秋闲田种草面积	果园隙地种草面积	四边地种草面积	其他种草面积			
云阳县	多花黑麦草	1.391				1.391	0.934		0.001		0.456	1000	13910	
	墨西哥类玉米	0.02				0.02		0.01			0.01	800	160	
	其他一年生牧草	0.01				0.01					0.01	500	50	
	饲用块根块茎作物	1.191				1.191		1.021		0.09	0.08	400	4764	
	苏丹草	0.005				0.005					0.005	800	40	
	青贮青饲高粱	0.493				0.493		0.4	0.011		0.082	1000	4930	
奉节县	苏丹草	0.177				0.177		0.099		0.078		1250	2212.5	
	冬牧70黑麦	0.123				0.123	0.123					1050	1291.5	
	饲用块根块茎作物	2.118				2.755	2.375	0.38				550	11649	3653.4
	多花黑麦草	0.18				0.178		0.133		0.035	0.01	1280	2304	
	青贮专用玉米	0.245				0.245		0.245				1150	2817.5	8535
巫山县	饲用块根块茎作物	0.75										800	6000	
	苏丹草	0.002										1360	27.2	
	多花黑麦草	0.12				0.15	0.05			0.01	0.09	1450	1740	
	青贮专用玉米	0.005										1125	56.25	

续表

行政区名称	牧草种类	当年种草面积/万亩			当年耕地种草面积/万亩	农闲田种草面积/万亩						单位面积产量(公斤/亩)	干草总产量/吨	鲜草实际青贮量/吨
		总面积	其中:青贮专用型玉米品种面积	其中:粮饲兼用型玉米品种面积		合计	冬闲田种草面积	夏秋闲田种草面积	果园隙地种草面积	四边地种草面积	其他种草面积			
巫溪县	青贮专用玉米	0.284				0.284					0.284	800	2272	2272
	青贮青饲高粱	0.225				0.225					0.225	1000	2250	2250
	墨西哥类玉米	0.041				0.041					0.041	800	328	
	多花黑麦草	0.276				0.263	0.22		0.004	0.037	0.002	800	2208	
	饲用块根块茎作物	0.164				0.169	0.02	0.072		0.077		800	1312	
	苦荬菜	0.001				0.001				0.001		800	8	
石柱县	青贮专用玉米	0.01										1100	110	1100
	饲用块根块茎作物	0.008										1000	80	
	其他一年生牧草	0.002				0.15		0.05		0.1		1000	20	
秀山县	冬牧70黑麦	0.006										1700	102	
	墨西哥类玉米	0.01										1600	160	
	燕麦	0.005										450	22.5	
	多花黑麦草	0.113										1400	1582	

续表

行政区名称	牧草种类	当年种草面积/万亩			当年耕地种草面积/万亩	农闲田种草面积/万亩						单位面积产量(公斤/亩)	干草总产量/吨	鲜草实际青贮量/吨
		总面积	其中：青贮专用型玉米品种面积	其中：粮饲兼用型玉米品种面积		合计	冬闲田种草面积	夏秋闲田种草面积	果园隙地种草面积	四边地种草面积	其他种草面积			
秀山县	青贮青饲高粱	0.06										1350	810	
	饲用块根块茎作物	0.575										800	4600	
	青贮专用玉米	0.022										1100	242	
酉阳县	墨西哥类玉米	0.002										1500	30	80
	多花黑麦草	0.022				0.004	0.004					1500	330	
	青贮专用玉米	0.137										1500	2055	6000
	青贮青饲高粱	0.078				0.085		0.085				1500	1170	2000
	饲用块根块茎作物	0.44										450	1980	
	紫云英（非绿肥）	0.003				0.003	0.003					600	18	
彭水县	青贮专用玉米	0.031										1000	310	850
	多花黑麦草	0.893										1200	10716	
	青贮青饲高粱	0.096										1120	1075.2	2000

表3-5-1　2018年多花黑麦草生产情况

行政区名称	当年种草面积/万亩	当年耕地种草面积/万亩	农闲田种草面积/万亩						单位面积产量（公斤/亩）	干草总产量/吨	鲜草实际青贮量/吨
			合计	冬闲田种草面积	夏秋闲田种草面积	果园隙地种草面积	四边地种草面积	其他种草面积			
重庆市	8.528		4.776	2.382	0.176	0.063	0.345	1.81	1185.942542	101137.18	9746
万州区	0.488		0.489	0.045	0.01	0.033	0.052	0.349	756.5	3691.72	
涪陵区	0.112								910	1019.2	
綦江区	0.07		0.07	0.07					994	695.8	
大足区	0.371		0.104	0.079	0.005		0.02		1353	5019.63	
黔江区	0.06		0.011	0.002	0.008		0.001		1128	676.8	
江津区	0.184		0.028	0.003		0.012	0.013		1530	2815.2	
合川区	0.724		0.003				0.003		1215	8796.6	438
永川区	0.002		0.008	0.005		0.001	0.001	0.001	1200	24	
南川区	0.77		0.77	0.05			0.11	0.61	1400	10780	
璧山区	0.003		0.003				0.003		1500	45	
铜梁区	0.419		0.32	0.012	0.01		0.006	0.292	1300	5447	
潼南区	0.288		0.389	0.389					1450	4176	3820
荣昌区	0.06		0.001	0.001					1400	840	
开州区	0.512		0.07	0.029		0.01	0.031		1300	6656	235
梁平区	0.034		0.013	0.001	0.01	0.001	0.001		1317	447.78	
城口县	0.001		0.002			0.001	0.001		1250	12.5	15
丰都县	0.487		0.487	0.467			0.02		1230	5990.1	
垫江县	0.03								1000	300	
武隆区	0.873								1200	10476	5238
忠　县	0.045		0.022	0.021			0.001		973	437.85	
云阳县	1.391		1.391	0.934		0.001		0.456	1000	13910	
奉节县	0.18		0.178		0.133		0.035	0.01	1280	2304	
巫山县	0.12		0.15	0.05			0.01	0.09	1450	1740	
巫溪县	0.276		0.263	0.22		0.004	0.037	0.002	800	2208	
秀山县	0.113								1400	1582	
酉阳县	0.022		0.004	0.004					1500	330	
彭水县	0.893								1200	10716	

表3-5-2　2018年青贮专用玉米生产情况

行政区名称	当年种草面积/万亩			当年耕地种草面积/万亩	农闲田种草面积/万亩						单位面积产量（公斤/亩）	干草总产量/吨	鲜草实际青贮量/吨
	合计	青贮专用型玉米品种面积	粮饲兼用型玉米品种面积		合计	冬闲田种草面积	夏秋闲田种草面积	果园隙地种草面积	四边地种草面积	其他种草面积			
重庆市	6.784				1.667		1.253	0.015	0.115	0.284	1073.46	72823.35	87731
涪陵区	0.087										1280	1113.6	420
綦江区	0.007				0.007		0.007				850	59.5	
大足区	0.031										1087	336.97	0
黔江区	1.541				0.1				0.1		1118	17228.38	20000
长寿区	0.11										1100	1210	330
合川区	0.394										1130	4452.2	3784
南川区	0.043										1120	481.6	
潼南区	0.207				0.403		0.403				1060	2194.2	1580
荣昌区	0.08				0.001		0.001				1140	912	2000
开州区	1.77				0.001		0.001				1000	17700	230
城口县	0.033				0.028			0.015	0.013		1115	367.95	610
丰都县	0.852				0.584		0.584				1110	9457.2	8500
垫江县	0.21										1200	2520	5000
武隆区	0.663				0.014		0.012		0.002		1000	6630	26520
忠　县	0.022										1350	297	
奉节县	0.245				0.245		0.245				1150	2817.5	8535
巫山县	0.005										1125	56.25	
巫溪县	0.284				0.284					0.284	800	2272	2272
石柱县	0.01										1100	110	1100
秀山县	0.022										1100	242	
酉阳县	0.137										1500	2055	6000
彭水县	0.031										1000	310	850

表3-5-3 2018年青贮青饲高粱生产情况

行政区名称	当年种草面积/万亩	当年耕地种草面积/万亩	农闲田种草面积/万亩						单位面积产量（公斤/亩）	干草总产量/吨	鲜草实际青贮量/吨
			合计	冬闲田种草面积	夏秋闲田种草面积	果园隙地种草面积	四边地种草面积	其他种草面积			
重庆市	2.253		1.342	0.001	0.989	0.027	0.018	0.307	1164.818908	26243.37	23685
涪陵区	0.027								1150	310.5	170
綦江区	0.001		0.001		0.001				800	8	
大足区	0.069								1204	830.76	
黔江区	0.011								1280	140.8	
合川区	0.093		0.003				0.003		1300	1209	615
南川区	0.019								1200	228	
铜梁区	0.114								1000	1140	
荣昌区	0.08								1140	912	1200
开州区	0.033		0.001		0.001				1200	396	
梁平区	0.001		0.003	0.001	0.001	0.001			1201	12.01	
城口县	0.022		0.028			0.015	0.013		1165	256.3	500
丰都县	0.614		0.499		0.499				1320	8104.8	7600
垫江县	0.06								950	570	1100
武隆区	0.155		0.004		0.002		0.002		1200	1860	6250
忠　县	0.002								1500	30	
云阳县	0.493		0.493		0.4	0.011		0.082	1000	4930	
巫溪县	0.225		0.225					0.225	1000	2250	2250
秀山县	0.06								1350	810	
酉阳县	0.078		0.085		0.085				1500	1170	2000
彭水县	0.096								1120	1075.2	2000

表3-5-4　2018年苏丹草生产情况

行政区名称	当年种草面积/万亩	当年耕地种草面积/万亩	农闲田种草面积/万亩						单位面积产量/万亩	干草总产量/吨（公斤/亩）	鲜草实际青贮量/吨
			合计	冬闲田种草面积	夏秋闲田种草面积	果园隙地种草面积	四边地种草面积	其他种草面积			
重庆市	0.25		0.231		0.142		0.082	0.007	1235.48	3088.7	
万州区	0.022		0.013		0.009		0.004		1150	253	
南川区	0.035		0.036		0.034			0.002	1300	455	
梁平区	0.007								1000	70	
忠　县	0.002								1550	31	
云阳县	0.005		0.005					0.005	800	40	
奉节县	0.177		0.177		0.099		0.078		1250	2212.5	
巫山县	0.002								1360	27.2	

表3-5-5　2018年饲用块根块茎作物生产情况

行政区名称	当年种植面积/万亩	当年耕地种草面积/万亩	农闲田种草面积/万亩						单位面积产量（公斤/亩）	干草总产量/吨	鲜草实际青贮量/吨
			合计	冬闲田种草面积	夏秋闲田种草面积	果园隙地种草面积	四边地种草面积	其他种草面积			
重庆市	13.469		6.416	2.915	3.072	0.016	0.328	0.085	692.62	93289.07	15279.7
万州区	2.153		1.257	0.46	0.619	0.016	0.157	0.005	714.57	15384.692	9496.3
綦江区	0.029		0.029		0.029				800	232	
大足区	0.14								1027	1437.8	
黔江区	0.588		0.083	0.057	0.022		0.004		695	4086.6	
江津区	0.019								1050	199.5	
永川区	0.11								620	682	
南川区	1.52								1300	19760	
潼南区	0.087		0.155		0.155				860	748.2	1280
开州区	2.12		0.114		0.114				600	12720	

续表

行政区名称	当年种植面积/万亩	当年耕地种草面积/万亩	农闲田种草面积/万亩						单位面积产量（公斤/亩）	干草总产量/吨	鲜草实际青贮量/吨
			合计	冬闲田种草面积	夏秋闲田种草面积	果园隙地种草面积	四边地种草面积	其他种草面积			
城口县	0.701		0.663	0.003	0.66				398	2789.98	350
垫江县	0.63								670	4221	
武隆区	0.02								800	160	500
忠　县	0.106								455	482.3	
云阳县	1.191		1.191		1.021		0.09	0.08	400	4764	
奉节县	2.118		2.755	2.375	0.38				550	11649	3653.4
巫山县	0.75								800	6000	
巫溪县	0.164		0.169	0.02	0.072		0.077		800	1312	
石柱县	0.008								1000	80	
秀山县	0.575								800	4600	
酉阳县	0.44								450	1980	

六、2019年一年生牧草生产情况

表3-6　2019年一年生牧草生产情况

行政区名称	牧草种类	当年种草面积/万亩			当年耕地种草面积/万亩	农闲田种草面积/万亩						单位面积产量（公斤/亩）	干草总产量/吨	鲜草实际青贮量/吨
		总面积	其中：青贮专用型玉米品种面积	其中：粮饲兼用型玉米品种面积		合计	冬闲田种草面积	夏秋闲田种草面积	果园隙地种草面积	四边地种草面积	其他种草面积			
重庆市		28.38	2.555	1.535	22.893	13.205	5.328	5.366	0.508	1.142	0.861	941.7407681	267266.03	186737
万州区	多花黑麦草	0.605			0.427	0.178	0.055		0.035	0.088		850	5142.5	
	墨西哥类玉米	0.008	0.008		0.008	0.003				0.003		900	72	30
	饲用块根块茎作物	2.1			1.2	0.9	0.6			0.3		676	14196	40000
	苏丹草	0.07			0.053	0.017		0.009	0.008			803	562.1	
涪陵区	多花黑麦草	0.15			0.11	0.08	0.08					1880	2820	
	青贮青饲高粱	0.017										1200	204	
	青贮玉米	0.065	0.065		0.065							1400	910	
綦江区	多花黑麦草	0.08			0.08	0.08	0.08					1300	1040	
	青贮玉米	0.012	0.012		0.012	0.012		0.012				850	102	
	饲用块根块茎作物	0.026			0.026	0.026		0.026				800	208	
大足区	多花黑麦草	0.3			0.2	0.125	0.08	0.01	0.005	0.02	0.01	1350	4050	1
	青贮青饲高粱	0.037			0.035	0.022		0.02		0.001	0.001	1087	402.19	1
黔江区	多花黑麦草	0.105			0.105	0.029	0.025	0.001	0.002	0.001		1231	1292.55	
	青贮青饲高粱	0.025			0.025							1185	296.25	980
	青贮玉米	1.074			1.074							1085	11652.9	26000

续表

行政区名称	牧草种类	当年种草面积/万亩			当年耕地种草面积/万亩	农闲田种草面积/万亩						单位面积产量（公斤/亩）	干草总产量/吨	鲜草实际青贮量/吨
		总面积	其中：青贮专用型玉米品种面积	其中：粮饲兼用型玉米品种面积		合计	冬闲田种草面积	夏秋闲田种草面积	果园隙地种草面积	四边地种草面积	其他种草面积			
黔江区	饲用块根块茎作物	0.674			0.674	0.163	0.126	0.033		0.004		656	4421.44	
长寿区	青贮玉米	0.11										1200	1320	1188
江津区	多花黑麦草	0.185			0.185	0.08	0.01		0.02	0.05		1530	2830.5	
	饲用块根块茎作物	0.012			0.012							1050	126	
合川区	多花黑麦草	0.635			0.631	0.004				0.004		1240	7874	40
	青贮玉米	0.265	0.22	0.045	0.263	0.002				0.002		1150	3047.5	4500
永川区	墨西哥类玉米	0.002										1300	26	
南川区	冬牧70黑麦	0.08										1300	1040	592
	多花黑麦草	0.78			0.77	0.755	0.58		0.055	0.12		1500	11700	11258
璧山区	多花黑麦草	0.003			0.003	0.003				0.003		1480	44.4	
铜梁区	冬牧70黑麦	0.004										1500	60	
	多花黑麦草	0.417			0.372	0.372	0.012	0.01		0.06	0.29	1300	5421	
	墨西哥类玉米	0.003			0.003	0.003		0.003				1650	49.5	
潼南区	多花黑麦草	0.285			0.285	0.258	0.23		0.025		0.003	1380	3933	3590
	青贮玉米	0.21	0.01	0.2	0.21	0.21		0.21				980	2058	1480

续表

行政区名称	牧草种类	当年种草面积/万亩			当年耕地种草面积/万亩	农闲田种草面积/万亩						单位面积产量（公斤/亩）	干草总产量/吨	鲜草实际青贮量/吨
		总面积	其中：青贮专用型玉米品种面积	其中：粮饲兼用型玉米品种面积		合计	冬闲田种草面积	夏秋闲田种草面积	果园隙地种草面积	四边地种草面积	其他种草面积			
潼南区	饲用块根块茎作物	0.088			0.088	0.088		0.08	0.008			850	748	1300
荣昌区	多花黑麦草	0.066			0.054	0.044	0.01	0.01	0.004	0.01	0.01	1400	924	260
	青贮青饲高粱	0.008			0.007	0.006		0.003		0.001	0.002	1140	91.2	62
开州区	多花黑麦草	0.532			0.092	0.06	0.03		0.008	0.022		1350	7182	1500
	墨西哥类玉米	0.014	0.014		0.014							1380	193.2	200
	青贮青饲高粱	0.038			0.021							1300	494	500
	青贮玉米	1.82	0.03	1.2	1.52							980	17836	4600
	饲用块根块茎作物	1.95			1.5	0.12		0.12				610	11895	
梁平区	多花黑麦草	0.035			0.016	0.015	0.001	0.012	0.001	0.001		1317	460.95	
	青贮青饲高粱	0.006			0.005	0.003		0.002	0.001			1202	72.12	
	苏丹草	0.008										1000	80	
城口县	冬牧70黑麦	0.005			0.005	0.005	0.004			0.001		1250	62.5	
	墨西哥类玉米	0.1	0.1		0.1							1340	1340	2100
	青贮青饲高粱	0.025			0.025							1320	330	250

续表

行政区名称	牧草种类	当年种草面积/万亩			当年耕地种草面积/万亩	农闲田种草面积/万亩						单位面积产量（公斤/亩）	干草总产量/吨	鲜草实际青贮量/吨
		总面积	其中：青贮专用型玉米品种面积	其中：粮饲兼用型玉米品种面积		合计	冬闲田种草面积	夏秋闲田种草面积	果园隙地种草面积	四边地种草面积	其他种草面积			
城口县	饲用块根块茎作物	0.7			0.62	0.55	0.03	0.52				375	2625	350
丰都县	冬牧70黑麦	0.003			0.003	0.003				0.003		1170	35.1	
	多花黑麦草	0.352			0.352	0.352	0.352					1240	4364.8	
	青贮青饲高粱	0.478			0.478	0.41		0.41				1330	6357.4	8500
	青贮玉米	0.849	0.849		0.849	0.562		0.562				1100	9339	18000
垫江县	多花黑麦草	0.04										1000	400	
	其他一年生牧草	0.001										1158	11.58	
	青贮青饲高粱	0.05			0.05							1100	550	917
	青贮玉米	0.22	0.15	0.07	0.22							1200	2640	5238
	饲用块根块茎作物	0.62										670	4154	
武隆区	多花黑麦草	0.88			0.88	0.88	0.45	0.43				1200	10560	5360
	青贮青饲高粱	0.162			0.162	0.162		0.07	0.012	0.08		1200	1944	7000
	青贮玉米	0.665	0.663		0.663	0.663		0.58	0.063	0.02		1000	6650	28000

续表

行政区名称	牧草种类	当年种草面积/万亩			当年耕地种草面积/万亩	农闲田种草面积/万亩						单位面积产量（公斤/亩）	干草总产量/吨	鲜草实际青贮量/吨
		总面积	其中：青贮专用型玉米品种面积	其中：粮饲兼用型玉米品种面积		合计	冬闲田种草面积	夏秋闲田种草面积	果园隙地种草面积	四边地种草面积	其他种草面积			
武隆区	饲用块根块茎作物	0.021			0.021	0.021	0.01	0.01	0.001			800	168	550
忠　县	多花黑麦草	0.05			0.05	0.024	0.022			0.002		973	486.5	
	青贮青饲高粱	0.003										1500	45	
	青贮玉米	0.021	0.021		0.021							1350	283.5	
	饲用块根块茎作物	0.105										455	477.75	
	苏丹草	0.001										1550	15.5	
云阳县	多花黑麦草	1.412			1.412	0.944	0.944					1000	14120	
	墨西哥类玉米	0.022			0.022	0.01		0.01				1300	286	
	青贮青饲高粱	0.498			0.498	0.416		0.416				1000	4980	
	饲用块根块茎作物	1.176			1.176	1.096		1.096				400	4704	
	苏丹草	0.06			0.06							1300	780	
奉节县	冬牧70黑麦	0.12			0.12	0.12	0.12					1100	1320	
	多花黑麦草	0.182			0.142	0.142		0.13		0.012		1260	2293.2	680
	青贮玉米	0.235	0.235		0.235	0.235		0.235				1160	2726	810

续表

行政区名称	牧草种类	当年种草面积/万亩 总面积	其中：青贮专用型玉米品种面积	其中：粮饲兼用型玉米品种面积	当年耕地种草面积/万亩	农闲田种草面积/万亩 合计	冬闲田种草面积	夏秋闲田种草面积	果园隙地种草面积	四边地种草面积	其他种草面积	单位面积产量（公斤/亩）	干草总产量/吨	鲜草实际青贮量/吨
奉节县	饲用块根块茎作物	2.1			2.1	1.6	1.2	0.1	0.2	0.1		680	14280	
	苏丹草	0.179			0.179	0.13		0.08		0.05		1280	2291.2	
巫山县	多花黑麦草	0.005			0.005	0.005	0.003			0.001	0.001	1740	87	
	青贮玉米	0.003	0.003		0.003							1200	36	1300
	饲用块根块茎作物	0.45			0.45							800	3600	
巫溪县	多花黑麦草	0.278			0.275	0.275	0.23		0.005	0.038	0.002	820	2279.6	
	苦荬菜	0.001			0.001	0.001				0.001		790	7.9	
	墨西哥类玉米	0.03			0.03	0.03					0.03	1250	375	
	青贮青饲高粱	0.226			0.226	0.226					0.226	1050	2373	
	青贮玉米	0.286			0.286	0.286					0.286	810	2316.6	
	饲用块根块茎作物	0.175			0.175	0.175	0.03	0.071		0.074		800	1400	
石柱县	其他一年生牧草	0.1										1000	1000	
	青贮青饲高粱	0.1										1000	1000	
	青贮玉米	0.03	0.01	0.02	0.03							1100	330	
秀山县	多花黑麦草	0.126										1350	1701	
	墨西哥类玉米	0.01										1550	155	

续表

行政区名称	牧草种类	当年种草面积/万亩			当年耕地种草面积/万亩	农闲田种草面积/万亩						单位面积产量（公斤/亩）	干草总产量/吨	鲜草实际青贮量/吨
		总面积	其中：青贮专用型玉米品种面积	其中：粮饲兼用型玉米品种面积		合计	冬闲田种草面积	夏秋闲田种草面积	果园隙地种草面积	四边地种草面积	其他种草面积			
秀山县	青贮青饲高粱	0.039										1320	514.8	
	青贮玉米	0.035			0.035							1120	392	
	饲用块根块茎作物	0.434										810	3515.4	
	燕麦	0.004										430	17.2	
酉阳县	多花黑麦草	0.03			0.03	0.02	0.01		0.005	0.005		1500	450	
	墨西哥类玉米	0.015	0.015		0.015	0.01		0.005		0.005		1600	240	1000
	青贮青饲高粱	0.09			0.09	0.03		0.02		0.01		1500	1350	2100
	青贮玉米	0.15	0.15		0.15	0.02		0.01		0.01		1500	2250	6500
	饲用块根块茎作物	0.5			0.5	0.14		0.05	0.05	0.04		450	2250	
	紫云英（非绿肥）	0.004			0.004	0.004	0.004					650	26	
彭水县	多花黑麦草	0.893										1200	10716	
	青贮青饲高粱	0.096										1120	1075.2	
	青贮玉米	0.031										1000	310	

表3-6-1　2019年多花黑麦草生产情况

行政区名称	当年种草面积/万亩	当年耕地种草面积/万亩	农闲田种草面积/万亩						单位面积产量(公斤/亩)	干草总产量/吨	鲜草实际青贮量/吨
			合计	冬闲田种草面积	夏秋闲田种草面积	果园隙地种草面积	四边地种草面积	其他种草面积			
重庆市	8.426	6.476	4.725	3.204	0.603	0.165	0.437	0.316	1212.59	102173	22698
万州区	0.605	0.427	0.178	0.055		0.035	0.088		850	5142.5	
涪陵区	0.15	0.11	0.08	0.08					1880	2820	
綦江区	0.08	0.08	0.08	0.08					1300	1040	
大足区	0.3	0.2	0.125	0.08	0.01	0.005	0.02	0.01	1350	4050	10
黔江区	0.105	0.105	0.029	0.025	0.001	0.002	0.001		1231	1292.55	
江津区	0.185	0.185	0.08	0.01		0.02	0.05		1530	2830.5	
合川区	0.635	0.631	0.004				0.004		1240	7874	40
南川区	0.78	0.77	0.755	0.58		0.055	0.12		1500	11700	11258
璧山区	0.003	0.003	0.003				0.003		1480	44.4	
铜梁区	0.417	0.372	0.372	0.012	0.01		0.06	0.29	1300	5421	
潼南区	0.285	0.285	0.258	0.23		0.025		0.003	1380	3933	3590
荣昌区	0.066	0.054	0.044	0.01	0.01	0.004	0.01	0.01	1400	924	260
开州区	0.532	0.092	0.06	0.03		0.008	0.022		1350	7182	1500
梁平区	0.035	0.016	0.015	0.001	0.012	0.001	0.001		1317	460.95	
丰都县	0.352	0.352	0.352	0.352					1240	4364.8	
垫江县	0.04								1000	400	
武隆区	0.88	0.88	0.88	0.45	0.43				1200	10560	5360
忠　县	0.05	0.05	0.024	0.022			0.002		973	486.5	
云阳县	1.412	1.412	0.944	0.944					1000	14120	
奉节县	0.182	0.142	0.142		0.13		0.012		1260	2293.2	680
巫山县	0.005	0.005	0.005	0.003			0.001	0.001	1740	87	
巫溪县	0.278	0.275	0.275	0.23		0.005	0.038	0.002	820	2279.6	
秀山县	0.126								1350	1701	
酉阳县	0.03	0.03	0.02	0.01		0.005	0.005		1500	450	
彭水县	0.893								1200	10716	

表3-6-2　2019年青贮专用玉米生产情况

行政区名称	当年种草面积/万亩			当年耕地种草面积/万亩	农闲田种草面积/万亩						单位面积产量（公斤/亩）	干草总产量/吨	鲜草实际青贮量/吨
	合计	青贮专用型玉米品种面积	粮饲兼用型玉米品种面积		合计	冬闲田种草面积	夏秋闲田种草面积	果园隙地种草面积	四边地种草面积	其他种草面积			
重庆市	6.081	2.418	1.535	5.636	1.99		1.609	0.063	0.032	0.286	1055.74	64199.5	97616
涪陵区	0.065	0.065		0.065							1400	910	
綦江区	0.012	0.012		0.012	0.012		0.012				850	102	
黔江区	1.074			1.074							1085	11652.9	26000
长寿区	0.11										1200	1320	1188
合川区	0.265	0.22	0.045	0.263	0.002				0.002		1150	3047.5	4500
潼南区	0.21	0.01	0.2	0.21	0.21		0.21				980	2058	1480
开州区	1.82	0.03	1.2	1.52							980	17836	4600
丰都县	0.849	0.849		0.849	0.562		0.562				1100	9339	18000
垫江县	0.22	0.15	0.07	0.22							1200	2640	5238
武隆区	0.665	0.663		0.663	0.663		0.58	0.063	0.02		1000	6650	28000
忠　县	0.021	0.021		0.021							1350	283.5	
奉节县	0.235	0.235		0.235	0.235		0.235				1160	2726	810
巫山县	0.003	0.003		0.003							1200	36	1300
巫溪县	0.286			0.286	0.286					0.286	810	2316.6	
石柱县	0.03	0.01	0.02	0.03							1100	330	
秀山县	0.035			0.035							1120	392	
酉阳县	0.15	0.15		0.15	0.02		0.01		0.01		1500	2250	6500
彭水县	0.031										1000	310	

表3-6-3　2019年青贮青饲高粱生产情况

行政区名称	当年种草面积/万亩	当年耕地种草面积/万亩	农闲田种草面积/万亩						单位面积产量（公斤/亩）	干草总产量/吨	鲜草实际青贮量/吨
			合计	冬闲田种草面积	夏秋闲田种草面积	果园隙地种草面积	四边地种草面积	其他种草面积			
重庆市	1.898	1.622	1.275		0.941	0.013	0.092	0.229	1163.29	22079.16	20310
涪陵区	0.017								1200	204	
大足区	0.037	0.035	0.022		0.02		0.001	0.001	1087	402.19	1
黔江区	0.025	0.025							1185	296.25	980
荣昌区	0.008	0.007	0.006		0.003		0.001	0.002	1140	91.2	62
开州区	0.038	0.021							1300	494	500
梁平区	0.006	0.005	0.003		0.002	0.001			1202	72.12	
城口县	0.025	0.025							1320	330	250
丰都县	0.478	0.478	0.41		0.41				1330	6357.4	8500
垫江县	0.05	0.05							1100	550	917
武隆区	0.162	0.162	0.162		0.07	0.012	0.08		1200	1944	7000
忠　县	0.003								1500	45	
云阳县	0.498	0.498	0.416		0.416				1000	4980	
巫溪县	0.226	0.226	0.226					0.226	1050	2373	
石柱县	0.1								1000	1000	
秀山县	0.039								1320	514.8	
酉阳县	0.09	0.09	0.03		0.02		0.01		1500	1350	2100
彭水县	0.096								1120	1075.2	

表 3-6-4 2019 年苏丹草生产情况

行政区名称	当年种草面积/万亩	当年耕地种草面积/万亩	农闲田种草面积/万亩						单位面积产量(公斤/亩)	干草总产量/吨	鲜草实际青贮量/吨
			合计	冬闲田种草面积	夏秋闲田种草面积	果园隙地种草面积	四边地种草面积	其他种草面积			
重庆市	0.318	0.292	0.147		0.089	0.008	0.05		1172.58	3728.8	
万州区	0.07	0.053	0.017		0.009	0.008			803	562.1	
梁平区	0.008								1000	80	
忠　县	0.001								1550	15.5	
云阳县	0.06	0.06							1300	780	
奉节县	0.179	0.179	0.13		0.08		0.05		1280	2291.2	

表 3-6-5 2019 年饲用块根块茎作物生产情况

行政区名称	当年种植面积/万亩	当年耕地种草面积/万亩	农闲田种草面积/万亩						单位面积产量(公斤/亩)	干草总产量/吨	鲜草实际青贮量/吨
			合计	冬闲田种草面积	夏秋闲田种草面积	果园隙地种草面积	四边地种草面积	其他种草面积			
重庆市	11.131	8.542	4.879	1.996	2.106	0.259	0.518		617.8	68768.59	42200
万州区	2.1	1.2	0.9	0.6			0.3		676	14196	40000
綦江区	0.026	0.026	0.026		0.026				800	208	
黔江区	0.674	0.674	0.163	0.126	0.033		0.004		656	4421.44	
江津区	0.012	0.012							1050	126	
潼南区	0.088	0.088	0.088		0.08	0.008			850	748	1300
开州区	1.95	1.5	0.12		0.12				610	11895	
城口县	0.7	0.62	0.55	0.03	0.52				375	2625	350
垫江县	0.62								670	4154	
武隆区	0.021	0.021	0.021	0.01	0.01	0.001			800	168	550
忠　县	0.105								455	477.75	
云阳县	1.176	1.176	1.096		1.096				400	4704	
奉节县	2.1	2.1	1.6	1.2	0.1	0.2	0.1		680	14280	
巫山县	0.45	0.45							800	3600	
巫溪县	0.175	0.175	0.175	0.03	0.071		0.074		800	1400	
秀山县	0.434								810	3515.4	
酉阳县	0.5	0.5	0.14		0.05	0.05	0.04		450	2250	

七、2018年商品草生产情况

表3-7　2018年商品草生产情况

行政区名称	牧草种类	生产面积/万亩	单位面积产量(公斤/亩)	总产量(折合干草)/吨	商品干草总产量/吨	商品干草销售量/吨	鲜草实际青贮量/吨	青贮销售量/吨	灌溉比例/%
重庆市		0.755	2208.21	16672			50016		
梁平区	多花黑麦草	0.03	1317	395.1			1185		
涪陵区	狼尾草	0.045	2250	1012.5			3038		
合川区	狼尾草	0.23	2366	5441.8			16325		
梁平区	狼尾草	0.17	2618	4450.6			13352		
丰都县	狼尾草	0.12	2690	3228			9684		
丰都县	青贮青饲高粱	0.16	1340	2144			6432		

八、2019年商品草生产情况

表3-8　2019年商品草生产情况

行政区名称	牧草种类	生产面积/万亩	单位面积产量(公斤/亩)	总产量(折合干草)/吨	商品干草总产量/吨	商品干草销售量/吨	鲜草实际青贮量/吨	青贮销售量/吨	灌溉比例/%
重庆市		0.455	2583.00	11752.63			32103	22579	
梁平区	多花黑麦草	0.032	1318	421.76			2107	1754	
梁平区	狼尾草	0.173	2619	4530.87			11996	8325	
丰都县	狼尾草	0.25	2720	6800			18000	12500	

九、2018年草产品企业生产情况

表3-9　2018年草产品企业生产情况　　单位：吨

行政区名称	企业名称	牧草种类	草产品生产量(折合干草)						草种生产量
			合计	草捆产量	草块产量	草颗粒产量	草粉产量	其他产量	
重庆市			22524					22524	
合川区	重庆山仁耕耘农业科技开发有限公司	狼尾草	5442					5442	
梁平区	重庆山仁芸草农业科技开发有限公司	多花黑麦草	3007					3007	
梁平区	重庆山仁芸草农业科技开发有限公司	狼尾草	4100					4100	
梁平区	重庆小白水农业开发有限公司	狼尾草	4603					4603	
丰都县	丰都县大地牧歌农业发展有限公司	狼尾草	3228					3228	
丰都县	丰都县大地牧歌农业发展有限公司	青贮青饲高粱	2144					2144	

注：本表中“其他产量”是青贮产品折合干草产量

十、2019年草产品企业生产情况

表3-10　2019年草产品企业生产情况　　单位：吨

行政区名称	企业名称	牧草种类	干草产品生产量						青贮产品生产量	草种生产量
			合计	草捆产量	草块产量	草颗粒产量	草粉产量	其他产量		
重庆市									32103	
梁平区	重庆山仁芸草农业科技开发有限公司	多花黑麦草							2107	
梁平区	重庆山仁芸草农业科技开发有限公司	狼尾草							5824	
梁平区	重庆市小白水农业开发有限公司	狼尾草							6172	
丰都县	丰都县大地牧歌农业发展有限公司	狼尾草							18000	

十一、2018 年农闲田面积情况

表 3-11　2018 年农闲田面积情况　　　　单位：万亩

行政区名称	农闲田可种草面积						农闲田已种草面积					
	合计	冬闲田可种草	夏秋闲田可种草	果园隙地可种草	四边地可种草	其他可种草	合计	冬闲田已种草	夏秋闲田已种草	果园隙地已种草	四边地已种草	其他已种草
重庆市	575.491	318.946	102.439	79.296	41.903	32.907	26.664	5.548	5.711	3.721	2.724	8.96
万州区	31.31	4.57	5.14	12.55	6.21	2.84	3.876	0.505	0.638	1.952	0.396	0.385
涪陵区	0.13	0.112			0.018							
綦江区	38.5	29.5	3.2	2.8	2	1	0.369	0.072	0.037	0.096	0.012	0.152
大足区	39.2	30	8	0.5	0.4	0.3	0.104	0.079	0.005		0.02	
黔江区	25	10.5	7	5	2.5		0.202	0.059	0.03	0.003	0.11	
长寿区												
江津区	32.6	25	2.3	3.8	1.5		0.036	0.003		0.013	0.02	
合川区	0.026				0.026		0.026				0.026	
永川区	35.51	26	8.7	0.14	0.5	0.17	0.026	0.005		0.01	0.006	0.005
南川区	3.03	0.26	0.048		0.39	2.332	1.926	0.1	0.034		0.38	1.412
璧山区	20.48	15	5	0.08	0.3	0.1	0.003				0.003	
铜梁区	0.409	0.012	0.013		0.066	0.318	0.409	0.012	0.013		0.066	0.318
潼南区	2.2	0.5	0.8	0.2	0.2	0.5	1.261	0.389	0.558		0.003	0.311
荣昌区	73.8	62.3	8.9	1.7	0.6	0.3	0.014	0.001	0.001		0.003	0.009
开州区	41.59	24.42	3.4	6.5	4.2	3.07	0.258	0.039	0.131	0.027	0.061	
梁平区	0.024	0.003	0.013	0.004	0.002	0.002	0.019	0.002	0.012	0.003	0.001	0.001
城口县	2.537	0.01	0.95	0.78	0.79	0.007	1.627	0.003	0.66	0.482	0.482	

续表

行政区名称	农闲田可种草面积						农闲田已种草面积					
	合计	冬闲田可种草	夏秋闲田可种草	果园隙地可种草	四边地可种草	其他可种草	合计	冬闲田已种草	夏秋闲田已种草	果园隙地已种草	四边地已种草	其他已种草
丰都县	61.17	20.9	11.23	17.89	8.07	3.08	1.843	0.467	1.083		0.293	
武隆区	0.295	0.07	0.02	0.1	0.1	0.005	0.117	0.062	0.014	0.011	0.026	0.004
忠　县	72.86	36.34	23.48	8	3	2.04	0.026	0.021			0.004	0.001
云阳县	18.18	4.82	4	4.86	2.5	2	3.367	0.934	1.431	0.012	0.1	0.89
奉节县	22.7	9.2	4.2	5.4	2.5	1.4	3.943	2.498	0.857	0.196	0.382	0.01
巫山县	7.43	2.51	0.82	1.99	0.61	1.5	1.004	0.05	0	0.511	0.1	0.343
巫溪县	6	0.3	0.1	0.2	0.2	5.2	5.406	0.24	0.072	0.145	0.13	4.819
石柱县	33.5	11	4.6	6.4	5.1	6.4	0.71		0.05	0.26	0.1	0.3
酉阳县	5.92	5	0.5	0.32	0.1		0.092	0.007	0.085			
彭水县	1.09	0.619	0.025	0.082	0.021	0.343						

十二、2019年农闲田面积情况

表3-12　2019年农闲田面积情况

单位：万亩

行政区名称	农闲田可种草面积						农闲田已种草面积					
	合计	冬闲田可种草	夏秋闲田可种草	果园隙地可种草	四边地可种草	其他可种草	合计	冬闲田已种草	夏秋闲田已种草	果园隙地已种草	四边地已种草	其他已种草
重庆市	544.022	297.349	101.138	76.483	40.373	28.679	14.359	5.328	5.366	0.705	1.617	1.343
万州区	32.78	5.16	5.29	13.84	5.81	2.68	1.248	0.655	0.009	0.063	0.472	0.049
涪陵区	0.115	0.115					0.08	0.08				
綦江区	38.5	29.5	3.2	2.8	2	1	0.307	0.08	0.038	0.088	0.016	0.085

续表

行政区名称	农闲田可种草面积						农闲田已种草面积					
	合计	冬闲田可种草	夏秋闲田可种草	果园隙地可种草	四边地可种草	其他可种草	合计	冬闲田已种草	夏秋闲田已种草	果园隙地已种草	四边地已种草	其他已种草
大足区	39.2	30	8	0.5	0.4	0.3	0.147	0.08	0.03	0.005	0.021	0.011
黔江区	25	10.5	7	5	2.5		0.192	0.151	0.034	0.002	0.005	
江津区	3.33	0.65	0.56	0.88	0.78	0.46	0.08	0.01		0.02	0.05	
合川区	0.25				0.25		0.006				0.006	
永川区	31.78	23	8.1	0.12	0.4	0.16						
南川区	1.49	0.7		0.1	0.39	0.3	1.25	0.58		0.055	0.385	0.23
璧山区	20.17	14.8	4.9	0.1	0.28	0.09	0.003				0.003	
铜梁区	0.427	0.012	0.013		0.092	0.31	0.375	0.012	0.013		0.06	0.29
潼南区	2.2	0.5	0.8	0.2	0.2	0.5	0.558	0.23	0.29	0.033		0.005
荣昌区	74.05	62.6	8.8	1.75	0.6	0.3	0.081	0.01	0.013	0.011	0.029	0.018
开州区	41.98	24.7	3.46	6.68	4.12	3.02	0.23	0.03	0.12	0.029	0.051	
梁平区	0.023	0.002	0.015	0.003	0.001	0.002	0.021	0.001	0.014	0.003	0.001	0.002
城口县	2.937	0.11	1.25	0.78	0.79	0.007	0.581	0.034	0.52	0.01	0.017	
丰都县	58.69	19.82	10.95	17.02	7.89	3.01	1.327	0.352	0.972		0.003	
武隆区	3	1.1	1.5	0.1	0.2	0.1	1.776	0.46	1.09	0.089	0.117	0.02
忠　县	72.86	36.34	23.48	8	3	2.04	0.024	0.022			0.002	
云阳县	15.62	4.82	4	4.5	2.3		2.476	0.944	1.522		0.01	
奉节县	21.7	9.2	3.8	5.2	2.3	1.2	2.256	1.32	0.545	0.217	0.173	0.001
巫山县	12.35	7.43	0.82	1.99	0.61	1.5	0.009	0.003		0.004	0.001	0.001
巫溪县	6.12	0.29	0.1	0.22	0.21	5.3	1.108	0.26	0.071	0.021	0.125	0.631
石柱县	33.5	11	4.6	6.4	5.1	6.4						
酉阳县	5.95	5	0.5	0.3	0.15		0.224	0.014	0.085	0.055	0.07	

十三、2018年农闲田种草情况

表3-13　2018年农闲田种草情况　　单位：万亩

行政区名称	牧草种类	农闲田已种草面积					
		总面积	冬闲田已种草面积	夏秋闲田已种草面积	果园隙地已种草面积	四边地已种草面积	其他已种草面积
重庆市		26.664	5.548	5.711	3.721	2.724	8.96
万州区	白三叶	1.798			1.709	0.071	0.018
	红三叶	0.19			0.18	0.01	
	菊苣	0.006			0.001	0.005	
	聚合草	0.069			0.009	0.06	
	狼尾草	0.038			0.004	0.031	0.003
	紫花苜蓿	0.013				0.003	0.01
	饲用块根块茎作物	1.257	0.46	0.619	0.016	0.157	0.005
	多花黑麦草	0.489	0.045	0.01	0.033	0.052	0.349
	墨西哥类玉米	0.003				0.003	
	苏丹草	0.013		0.009		0.004	
綦江区	多年生黑麦草	0.051			0.051		
	狗尾草	0.01				0.01	
	菊苣	0.002				0.002	
	狼尾草	0.045			0.045		
	木本蛋白饲料	0.152					0.152
	饲用块根块茎作物	0.029		0.029			
	冬牧70黑麦	0.002	0.002				
	多花黑麦草	0.07	0.07				
	青贮青饲高粱	0.001		0.001			
	青贮专用玉米	0.007		0.007			
大足区	多花黑麦草	0.104	0.079	0.005		0.02	
黔江区	多年生黑麦草	0.005			0.001	0.004	
	狼尾草	0.003			0.002	0.001	
	饲用块根块茎作物	0.083	0.057	0.022		0.004	
	多花黑麦草	0.011	0.002	0.008		0.001	
	青贮专用玉米	0.1				0.1	
江津区	狼尾草	0.008			0.001	0.007	
	多花黑麦草	0.028	0.003		0.012	0.013	
合川区	多年生黑麦草	0.01				0.01	
	狼尾草	0.009				0.009	

续表

行政区名称	牧草种类	农闲田已种草面积					
		总面积	冬闲田已种草面积	夏秋闲田已种草面积	果园隙地已种草面积	四边地已种草面积	其他已种草面积
合川区	多花黑麦草	0.003				0.003	
	墨西哥类玉米	0.001				0.001	
	青贮青饲高粱	0.003				0.003	
永川区	多年生黑麦草	0.005				0.005	
	狼尾草	0.013			0.009		0.004
	多花黑麦草	0.008	0.005		0.001	0.001	0.001
南川区	白三叶	0.45				0.25	0.2
	多年生黑麦草	0.67	0.05			0.02	0.6
	多花黑麦草	0.77	0.05			0.11	0.61
	苏丹草	0.036		0.034			0.002
璧山区	多花黑麦草	0.003				0.003	
铜梁区	多年生黑麦草	0.05				0.03	0.02
	狼尾草	0.034				0.028	0.006
	紫花苜蓿	0.002				0.002	
	多花黑麦草	0.32	0.012	0.01		0.006	0.292
	墨西哥类玉米	0.003		0.003			
潼南区	多年生黑麦草	0.117					0.117
	狗尾草	0.002					0.002
	狼尾草	0.128					0.128
	紫花苜蓿	0.002					0.002
	饲用块根块茎作物	0.155		0.155			
	多花黑麦草	0.389	0.389				
	青贮青饲高粱	0.062					0.062
	青贮专用玉米	0.403		0.403			
	苏丹草	0.003				0.003	
荣昌区	狼尾草	0.011				0.002	0.009
	多花黑麦草	0.001	0.001				
	其他一年生牧草	0.001				0.001	
	青贮专用玉米	0.001		0.001			
开州区	多年生黑麦草	0.045			0.017	0.028	
	狼尾草	0.012	0.01			0.002	
	饲用块根块茎作物	0.114		0.114			
	多花黑麦草	0.07	0.029	0	0.01	0.031	
	墨西哥类玉米	0.015		0.015			
开州区	青贮青饲高粱	0.001		0.001			
	青贮专用玉米	0.001		0.001			

续表

行政区名称	牧草种类	农闲田已种草面积					
		总面积	冬闲田已种草面积	夏秋闲田已种草面积	果园隙地已种草面积	四边地已种草面积	其他已种草面积
梁平区	菊苣	0.003		0.001	0.001		0.001
	多花黑麦草	0.013	0.001	0.01	0.001	0.001	
	青贮青饲高粱	0.003	0.001	0.001	0.001		
城口县	白三叶	0.551			0.287	0.264	
	多年生黑麦草	0.04			0.02	0.02	
城口县	红三叶	0.182			0.086	0.096	
	菊苣	0.014			0.004	0.01	
	鸭茅	0.07			0.03	0.04	
	紫花苜蓿	0.049			0.024	0.025	
	饲用块根块茎作物	0.663	0.003	0.66			
	多花黑麦草	0.002			0.001	0.001	
	青贮青饲高粱	0.028			0.015	0.013	
	青贮专用玉米	0.028			0.015	0.013	
丰都县	狗尾草	0.271				0.271	
	冬牧70黑麦	0.002				0.002	
	多花黑麦草	0.487	0.467			0.02	
	青贮青饲高粱	0.499		0.499			
	青贮专用玉米	0.584		0.584			
武隆区	多年生黑麦草	0.013			0.006	0.003	0.004
	狼尾草	0.001				0.001	
	其他一年生牧草	0.085	0.062		0.005	0.018	
	青贮青饲高粱	0.004		0.002		0.002	
	青贮专用玉米	0.014		0.012		0.002	
忠　县	多年生黑麦草	0.001					0.001
	狼尾草	0.003				0.003	
	多花黑麦草	0.022	0.021			0.001	
云阳县	白三叶	0.015					0.015
	多年生黑麦草	0.102				0.01	0.092
	狗尾草	0.001					0.001
	红三叶	0.001					0.001
	菊苣	0.002					0.002
	狼尾草	0.097					0.097
	木本蛋白饲料	0.025					0.025
	紫花苜蓿	0.014					0.014
	饲用块根块茎作物	1.191		1.021		0.09	0.08
	多花黑麦草	1.391	0.934		0.001		0.456
云阳县	墨西哥类玉米	0.02		0.01			0.01
	其他一年生牧草	0.01					0.01

续表

行政区名称	牧草种类	农闲田已种草面积					
		总面积	冬闲田已种草面积	夏秋闲田已种草面积	果园隙地已种草面积	四边地已种草面积	其他已种草面积
云阳县	青贮青饲高粱	0.493		0.4	0.011		0.082
	苏丹草	0.005					0.005
奉节县	白三叶	0.086			0.046	0.04	
	多年生黑麦草	0.092			0.046	0.046	
	红三叶	0.092			0.043	0.049	
奉节县	聚合草	0.105			0.061	0.044	
	紫花苜蓿	0.09				0.09	
	饲用块根块茎作物	2.755	2.375	0.38			
	冬牧70黑麦	0.123	0.123				
	多花黑麦草	0.178		0.133		0.035	0.01
	青贮专用玉米	0.245		0.245			
	苏丹草	0.177		0.099		0.078	
巫山县	白三叶	0.108			0.101		0.007
	多年生黑麦草	0.2			0.025	0.015	0.16
	红三叶	0.172			0.151	0.014	0.007
	狼尾草	0.031			0.002	0.013	0.016
	紫花苜蓿	0.343			0.232	0.048	0.063
	多花黑麦草	0.15	0.05			0.01	0.09
巫溪县	白三叶	0.033					0.033
	多年生黑麦草	0.347			0.05		0.297
	红三叶	3.655			0.089	0.013	3.553
	菊苣	0.254					0.254
	狼尾草	0.033				0.002	0.031
	木本蛋白饲料	0.05					0.05
	杂交酸模	0.004					0.004
	紫花苜蓿	0.047			0.002		0.045
	饲用块根块茎作物	0.169	0.02	0.072		0.077	
	多花黑麦草	0.263	0.22		0.004	0.037	0.002
	苦荬菜	0.001				0.001	
	墨西哥类玉米	0.041					0.041
	青贮青饲高粱	0.225					0.225
	青贮专用玉米	0.284					0.284
石柱县	白三叶	0.1					0.1
	多年生黑麦草	0.1			0.1		
	红三叶	0.1					0.1
	其他多年生牧草	0.16			0.06		0.1
	鸭茅	0.1			0.1		
	其他一年生牧草	0.15		0.05		0.1	

续表

行政区名称	牧草种类	农闲田已种草面积					
		总面积	冬闲田已种草面积	夏秋闲田已种草面积	果园隙地已种草面积	四边地已种草面积	其他已种草面积
酉阳县	多花黑麦草	0.004	0.004				
	青贮青饲高粱	0.085		0.085			
	紫云英(非绿肥)	0.003	0.003				

十四、2019年农闲田种草情况

表3-14　2019年农闲田种草情况　　单位:万亩

行政区名称	牧草种类	农闲田已种草面积					
		总面积	冬闲田已种草面积	夏秋闲田已种草面积	果园隙地已种草面积	四边地已种草面积	其他已种草面积
重庆市		14.359	5.328	5.366	0.705	1.617	1.343
万州区	白三叶	0.03			0.02	0.01	
	串叶松香草	0.022				0.022	
	菊苣	0.015				0.015	
	狼尾草	0.038				0.024	0.014
	其他多年生牧草	0.03					0.03
	紫花苜蓿	0.015				0.01	0.005
	饲用块根块茎作物	0.9	0.6			0.3	
	多花黑麦草	0.178	0.055		0.035	0.088	
	墨西哥类玉米	0.003				0.003	
	苏丹草	0.017		0.009	0.008		
涪陵区	多花黑麦草	0.08	0.08				
綦江区	多年生黑麦草	0.084			0.084		
	狗尾草	0.007				0.007	
	菊苣	0.009				0.009	
	狼尾草	0.004			0.004		
	木本蛋白饲料	0.085					0.085
	饲用块根块茎作物	0.026		0.026			
	多花黑麦草	0.08	0.08				
	青贮玉米	0.012		0.012			
大足区	多花黑麦草	0.125	0.08	0.01	0.005	0.02	0.01
	青贮青饲高粱	0.022		0.02		0.001	0.001

续表

行政区名称	牧草种类	农闲田已种草面积					
		总面积	冬闲田已种草面积	夏秋闲田已种草面积	果园隙地已种草面积	四边地已种草面积	其他已种草面积
黔江区	饲用块根块茎作物	0.163	0.126	0.033		0.004	
	多花黑麦草	0.029	0.025	0.001	0.002	0.001	
江津区	多花黑麦草	0.08	0.01		0.02	0.05	
合川区	多花黑麦草	0.004				0.004	
	青贮玉米	0.002				0.002	
南川区	白三叶	0.43				0.25	0.18
	多年生黑麦草	0.065				0.015	0.05
	多花黑麦草	0.755	0.58		0.055	0.12	
璧山区	多花黑麦草	0.003				0.003	
铜梁区	多花黑麦草	0.372	0.012	0.01		0.06	0.29
	墨西哥类玉米	0.003		0.003			
潼南区	狼尾草	0.002					0.002
	饲用块根块茎作物	0.088		0.08	0.008		
	多花黑麦草	0.258	0.23		0.025		0.003
	青贮玉米	0.21		0.21			
荣昌区	狼尾草	0.015			0.001	0.012	0.002
	牛鞭草	0.005			0.002	0.002	0.001
	其他多年生牧草	0.006			0.002	0.002	0.002
	紫花苜蓿	0.005			0.002	0.002	0.001
	多花黑麦草	0.044	0.01	0.01	0.004	0.01	0.01
	青贮青饲高粱	0.006		0.003		0.001	0.002
开州区	多年生黑麦草	0.049			0.02	0.029	
	牛鞭草	0.001			0.001		
	饲用块根块茎作物	0.12		0.12			
	多花黑麦草	0.06	0.03		0.008	0.022	
梁平区	菊苣	0.003			0.001		0.002
	多花黑麦草	0.015	0.001	0.012	0.001	0.001	
	青贮青饲高粱	0.003		0.002	0.001		
城口县	白三叶	0.001				0.001	
	多年生黑麦草	0.015			0.007	0.008	
	红三叶	0.01			0.003	0.007	
	饲用块根块茎作物	0.55	0.03	0.52			
	冬牧70黑麦	0.005	0.004			0.001	
丰都县	冬牧70黑麦	0.003				0.003	
	多花黑麦草	0.352	0.352				
	青贮青饲高粱	0.41		0.41			
	青贮玉米	0.562		0.562			
武隆区	白三叶	0.002			0.001	0.001	
	多年生黑麦草	0.01			0.001	0.004	0.005

续表

行政区名称	牧草种类	农闲田已种草面积					
		总面积	冬闲田已种草面积	夏秋闲田已种草面积	果园隙地已种草面积	四边地已种草面积	其他已种草面积
武隆区	狼尾草	0.038			0.011	0.012	0.015
	饲用块根块茎作物	0.021	0.01	0.01	0.001		
武隆区	多花黑麦草	0.88	0.45	0.43			
	青贮青饲高粱	0.162		0.07	0.012	0.08	
	青贮玉米	0.663		0.58	0.063	0.02	
忠 县	多花黑麦草	0.024	0.022			0.002	
云阳县	多年生黑麦草	0.01				0.01	
	饲用块根块茎作物	1.096		1.096			
	多花黑麦草	0.944	0.944				
	墨西哥类玉米	0.01		0.01			
	青贮青饲高粱	0.416		0.416			
奉节县	白三叶	0.005			0.003	0.002	
	多年生黑麦草	0.01			0.008	0.002	
	红三叶	0.003			0.003		
	聚合草	0.002			0.001	0.001	
奉节县	狼尾草	0.005			0.002	0.003	
	紫花苜蓿	0.004				0.003	0.001
	饲用块根块茎作物	1.6	1.2	0.1	0.2	0.1	
	冬牧70黑麦	0.12	0.12				
	多花黑麦草	0.142		0.13		0.012	
	青贮玉米	0.235		0.235			
	苏丹草	0.13		0.08		0.05	
巫山县	白三叶	0.002			0.002		
	紫花苜蓿	0.002			0.002		
	多花黑麦草	0.005	0.003			0.001	0.001
巫溪县	白三叶	0.006			0.001	0.002	0.003
	多年生黑麦草	0.025			0.002	0.002	0.021
	红三叶	0.02			0.01	0.005	0.005
	狼尾草	0.003				0.003	
	木本蛋白饲料	0.01					0.01
	紫花苜蓿	0.051			0.003		0.048
	饲用块根块茎作物	0.175	0.03	0.071		0.074	
	多花黑麦草	0.275	0.23		0.005	0.038	0.002
	苦荬菜	0.001				0.001	
	墨西哥类玉米	0.03					0.03
	青贮青饲高粱	0.226					0.226
	青贮玉米	0.286					0.286
酉阳县	饲用块根块茎作物	0.14		0.05	0.05	0.04	
	多花黑麦草	0.02	0.01		0.005	0.005	

续表

行政区名称	牧草种类	农闲田已种草面积					
		总面积	冬闲田已种草面积	夏秋闲田已种草面积	果园隙地已种草面积	四边地已种草面积	其他已种草面积
酉阳县	墨西哥类玉米	0.01		0.005		0.005	
	青贮青饲高粱	0.03		0.02		0.01	
	青贮玉米	0.02		0.01		0.01	
	紫云英(非绿肥)	0.004	0.004				

十五、2018年农副资源饲用情况

表3-15　2018年农副资源饲用情况　　单位:吨

行政区名称	农副产品种类	饲用量	加工饲用量
重庆市	**合计**	**658389**	**43421**
万州区	**合计**	**118834**	**14434**
	玉米秸	32300	11984
	稻秸	7830	2450
	饼粕	9234	
	酒糟	20000	
	豆渣	41640	
	其他农副资源	7830	
涪陵区	**合计**	**26700**	
	玉米秸	5600	
	稻秸	4600	
	酒糟	12000	
	豆渣	4500	
大足区	合计	452	20
	玉米秸	137	20
	稻秸	15	
	其他农副资源	300	
江津区	**合计**	**27490**	
	红薯秧	190	
	花生秧	1500	
	玉米秸	3500	
	稻秸	2500	

续表

行政区名称	农副产品种类	饲用量	加工饲用量
江津区	酒糟	17000	
	甘蔗梢	2800	
合川区	稻秸	15300	1350
永川区	**合计**	**45303**	**110**
	麦秸	320	
	玉米秸	320	110
	稻秸	245	
	饼粕	41850	
	酒糟	2568	
潼南区	合计	4010	
	酒糟	3150	
	其他农副资源	860	
梁平区	**合计**	**4210**	**3000**
	红薯秧	3000	2000
	稻秸	1200	1000
	饼粕	10	
城口县	**合计**	**15130**	**1027**
	红薯秧	15000	1000
	玉米秸	105	27
	稻秸	8	
	其他秸秆	17	
丰都县	**合计**	**283500**	
	玉米秸	51000	
	稻秸		
	酒糟	232500	
垫江县	**合计**	**37100**	
	红薯秧	11600	
	稻秸	7000	
	豆渣	1700	
	其他农副资源	16800	
武隆区	**合计**	**7330**	
	玉米秸	6200	

续表

行政区名称	农副产品种类	饲用量	加工饲用量
武隆区	稻秸	580	
	酒糟	550	
奉节县	**合计**	**29780**	**7680**
	红薯秧	4440	1480
	玉米秸	10800	3600
	稻秸	7800	2600
	其他秸秆	2940	
	酒糟	3800	
巫溪县	玉米秸	180	
石柱县	玉米秸	2000	800
酉阳县	**合计**	**41070**	**15000**
	红薯秧	11800	10500
	玉米秸	9000	2500
	稻秸	15000	2000
	其他秸秆	500	
	酒糟	3550	
	豆渣	1220	

十六、2019年农副资源饲用情况

第3-16　2019年农副资源饲用情况　　单位：吨

行政区名称	农副产品种类	饲用量	加工饲用量
重庆市	**合计**	**947846**	**80668**
万州区	合计	443600	62930
	玉米秸	145200	62930
	稻秸	64200	
	饼粕	84200	
	酒糟	101250	
	豆渣	8050	
	其他农副资源	40700	
涪陵区	**合计**	**27600**	
	玉米秸	5500	

续表

行政区名称	农副产品种类	饲用量	加工饲用量
涪陵区	稻秸	4100	
	酒糟	14000	
	豆渣	4000	
大足区	**合计**	**132**	**15**
	玉米秸	87	10
	稻秸	15	5
	其他农副资源	30	
江津区	**合计**	**34480**	**50**
	红薯秧	6280	
	花生秧	1400	
	玉米秸	4500	50
	稻秸	2500	
	酒糟	17000	
	甘蔗梢	2800	
合川区	稻秸	9941	357
永川区	**合计**	**28966**	**90**
	麦秸	280	
	玉米秸	280	90
	稻秸	130	
	饼粕	26516	
	酒糟	1760	
开州区	**合计**	**8050**	**1350**
	玉米秸	1500	1350
	酒糟	6550	
梁平区	**合计**	**4230**	**1001**
	红薯秧	3016	
	稻秸	1203	1001
	饼粕	11	
城口县	**合计**	**11127**	**1125**
	红薯秧	11000	1100
	玉米秸	110	25
	稻秸	2	
	其他秸秆	15	
丰都县	**合计**	**266100**	
	玉米秸	52500	

续表

行政区名称	农副产品种类	饲用量	加工饲用量
丰都县	稻秸	1200	
	酒糟	212400	
垫江县	**合计**	**37070**	
	红薯秧	11610	
	稻秸	6900	
	豆渣	1710	
	其他农副资源	16850	
奉节县	**合计**	**31500**	**7500**
	红薯秧	4800	
	玉米秸	11400	3800
	稻秸	7500	2500
	其他秸秆	3600	1200
	酒糟	4200	
巫溪县	玉米秸	300	150
石柱县	玉米秸	2100	1000
酉阳县	**合计**	**42650**	**5100**
	红薯秧	12000	
	玉米秸	9500	3000
	稻秸	15500	2100
	其他秸秆	600	
	酒糟	3700	
	豆渣	1350	

第四部分

饲草生产生物灾害统计

一、2018年主要一年生牧草有害生物危害防治情况统计表

表4-1　2018年主要一年生牧草有害生物危害防治情况统计表

单位：亩

有害生物危害	饲用燕麦			多花黑麦草			高粱苏丹草杂交种			箭筈豌豆			苏丹草		
	种类	危害面积	防治面积	种类	危害面积	防治面积	种类	危害面积	防治面积	种类	危害面积	防治面积	种类	危害面积	防治面积
病害	黑穗病			锈病	2680		紫斑病	650		炭疽病			锈病		
	白发病			白粉病			黑穗病			锈病			白粉病		
	其他病害			其他病害	150		其他病害			白粉病			其他病害		
										其他病害					
小计					2830			650							
虫害	叶甲			蚜虫	550		蚜虫	500		蚜虫			黏虫		
	其他害虫			黏虫	680		其他害虫			蓟马			跳甲类		
				其他害虫						小地老虎			蚜虫		
										芫菁			金龟甲		
										其他害虫			其他害虫		
小计					1230			500							
鼠害	田鼠			田鼠			田鼠			田鼠			田鼠		
	沙鼠			沙鼠			沙鼠			沙鼠			沙鼠		
	鼢鼠			鼢鼠			鼢鼠			鼢鼠			鼢鼠		
	跳鼠			跳鼠			跳鼠			跳鼠			跳鼠		
	鼠兔			鼠兔			鼠兔			鼠兔			鼠兔		
	其他害鼠			其他害鼠	5200		其他害鼠			其他害鼠			其他害鼠		
小计					5200										
毒杂草	禾本科			禾本科	1700		禾本科			禾本科			禾本科		
	其他毒			其他毒	5200		其他毒			其他毒			其他毒		
	杂草			杂草			杂草			杂草			杂草		
小计					6900										
合计					16160			1150							

注：鼠兔属于鼠兔科，本书为行文方便暂归为鼠害类。

二、2018年主要多年生牧草有害生物危害防治情况统计表

表4-2　2018年主要多年生牧草有害生物危害防治情况统计表

单位：亩

有害生物危害	苜蓿			三叶草			多年生黑麦草			鸭茅			狼尾草		
	种类	危害面积	防治面积	种类	危害面积	防治面积	种类	危害面	防治面积	种类	危害面积	防治面积	种类	危害面积	防治面积
病害	根腐病	625		三叶草锈病	350		锈病			锈病			斑点病	2460	
	霜霉病			白粉病	6600		褐斑病	6400		黑粉病			褐斑病		
	褐斑病	420		弯孢霉叶枯病			其他病害			其他病害			叶斑病		
	其他病害	85		其他病害									其他病害	210	
小计		1130			6950			6400						2670	
虫害	蚜虫	120		蚜虫			蚜虫			蚜虫			蚜虫		
	蓟马			蝗虫			黏虫			蛴螬			红蜘蛛		
	盲蝽			其他害虫	7800		其他害虫	17800		蝗虫			红火蚁		
	地下害虫	300								其他害虫			钻心虫	280	
	象甲												其他害虫	170	
	土蝗	260													
	其他害虫	340													
小计		1020			7800			17800						450	

续表

有害生物危害	苜蓿			三叶草			多年生黑麦草			鸭茅			狼尾草		
	种类	危害面积	防治面积	种类	危害面积	防治面积	种类	危害面	防治面积	种类	危害面积	防治面积	种类	危害面积	防治面积
鼠害	田鼠	445		田鼠			田鼠			田鼠			田鼠		
	沙鼠			沙鼠			沙鼠			沙鼠			沙鼠		
	鼢鼠			鼢鼠			鼢鼠			鼢鼠			鼢鼠		
	跳鼠			跳鼠			跳鼠			跳鼠			跳鼠		
	鼠兔			鼠兔			鼠兔			鼠兔			鼠兔		
	其他害鼠	1567		其他害鼠	7890		其他害鼠	17800		其他害鼠			其他害鼠		
小计		2012			7890			17800							
毒杂草	禾本科			禾本科	3200		禾本科	3220		禾本科			禾本科		
	其他毒杂草	360		其他毒杂草	7890		其他毒杂草	17800		其他毒杂草			其他毒杂草		
小计		360			11090			21020							
合计		4522			33730			63020						3120	

附录一　草业统计指标解释

(一)天然饲草地利用情况

1. 累计承包面积:明确了承包经营权的用于畜牧业生产的天然草地面积。形式包括承包到户、承包到联户和其他承包形式,三者之间没有包含关系。单位,万亩,最多3位小数。

2. 禁牧休牧轮牧面积:禁牧面积、休牧面积、轮牧面积之和,三者之间没有包含关系。禁牧面积,指全年不放牧的面积。休牧面积,指当年一定时期禁止放牧利用的面积。轮牧面积,指划区轮牧面积和分区轮牧面积,是按季节草场和放牧小区,依次轮回或循环放牧的面积。单位,万亩,最多3位小数。

3. 天然草地利用面积:天然草地用于畜牧业生产的面积,包括打贮草面积、刈牧兼用面积和其他方式利用面积,三者之间没有包含关系。单位,万亩,最多3位小数。

4. 天然草地越冬干草贮草总量:在天然草地上生产,为牲畜越冬而储备的各类青干草数量,不包括已经饲喂或使用的数量。单位,万吨,计干重,最多3位小数,牧区半牧区县填报。

5. 天然草地越冬鲜草青贮总量:在天然草地上生产,为牲畜越冬而储备的各类鲜草青贮数量,不包括已经饲喂或使用的数量。单位,万吨,计鲜重,最多3位小数,牧区半牧区县填报。

6. 定居点牲畜棚圈面积:在牧民定居点专门建设的用于牲畜生产生

活的棚圈面积，不含牧民自筹资金建设面积。单位，平方米，取整数，牧区半牧区县填报。

7. 累计有效打井数：截至统计年末，所有可用于灌溉草地的有效打井数量。已经报废或不能发挥灌溉作用的不做统计。单位，口，取整数，牧区半牧区县填报。

8. 当年有效打井数：当年打挖的用于灌溉草地的有效打井数量。单位，口，取整数，牧区半牧区县填报。

9. 井灌面积：有效井灌溉、生产饲草的天然草地面积。单位，万亩，最多3位小数，牧区半牧区县填报。

10. 草场灌溉面积：当年对生产饲草的草场进行灌溉的面积。多次灌溉不重复计算面积。单位，万亩，最多3位小数，牧区半牧区县填报。

（二）多年生牧草生产情况

1. 当年新增人工种草面积：当年经过翻耕、播种，人工种植牧草（草本、半灌木和灌木）的面积，不包括压肥面积。同一块地块上多次播种同种多年生种类，面积不重复计算。多种类牧草混播，按照一种主要牧草种类统计。单位，万亩，最多3位小数。

2. 当年新增改良种草面积：当年经过人工补播改良的天然草地面积。同一块地块上补播两次或两次以上的面积不重复计算。多种类牧草混播，按照一种主要牧草种类统计。单位，万亩，最多3位小数。

3. 当年耕地种草面积：当年在农耕地上种植牧草的面积。包含农闲田种草面积。单位，万亩，最多3位小数。

4. 农闲田种草面积：在可以种植而未种植农作物的短期闲置农耕地（农闲田）种植牧草的面积，包括冬闲田种草面积、夏秋闲田种草面积、果园隙地种草面积、四边地种草面积和其他类型种草面积，相互之间没有包含关系。

5.冬闲田(冬春闲田)种草面积:利用冬季至春末闲置的农耕地种植牧草,并能够达到牧草成熟或适合收割用作牲畜饲草的面积。注意某些种类是否适合在冬闲田种植,是否影响后续农作。做绿肥的不做统计。单位,万亩,最多3位小数。

6.夏秋闲田种草面积:利用夏季至秋末闲置的农耕地种植牧草用作牲畜饲草的面积。注意某些种类是否适合在夏秋闲田种植,是否影响后续农作。做绿肥的不做统计。单位,万亩,最多3位小数。

7.果园隙地种草面积:利用果园空隙地种植牧草用于牲畜饲草的面积。注意某些种类是否适合在果园隙地种植,是否影响果园正常管理。种植牧草用作果园保护、绿肥或者生境改善的面积不做统计。单位,万亩,最多3位小数。

8.四边地种草面积:利用村边、渠边、路边、沟边的空隙地种植牧草用作牲畜饲草的面积。所种牧草不用做牲畜饲草的面积不做统计。单位,万亩,最多3位小数。

9.其他类型种草面积:除冬闲田、夏秋闲田、果园隙地和四边地以外的农闲田种植牧草用作牲畜饲草的面积。所种牧草不用作牲畜饲草的面积不做统计。单位,万亩,最多3位小数。

10.人工种草保留面积:经过人工种草措施后进行生产的面积,包含往年种植且在当年生产的面积和当年新增人工种草面积。多种类牧草混合播种,按一种主要牧草种类统计。单位,万亩,最多3位小数。

11.改良种草保留面积:经过改良种草措施后进行生产的面积,包含往年种植且在当年生产的面积和当年新增改良种草面积。多种类牧草混合播种,按一种主要牧草种类统计。单位,万亩,最多3位小数。

12.人工种草单产/改良种草单产:种草保留面积上单位面积干草产量。保留面积有数值,单产为必填项。单位,公斤/亩,取整数,计干重。

13.鲜草实际青贮量:当年实际青贮的鲜草数量。注意某些种类是否真实用作青贮或能够青贮。单位,吨,取整数。

14.灌溉比例:实际进行灌溉的面积比例,不论灌溉次数。单位,%,取整数。

(三)一年生牧草生产情况

1.牧草类型包括一年生种类、越年生种类和饲用作物。饲用作物是指以生产青饲料为目的,不用于生产籽实的作物。

2.当年种草面积:当年种植且在当年进行生产的面积,做绿肥的面积不做统计。同一块地不同季节种植不同牧草,分别按照牧草种类统计面积。同一地块多次重复种植同种牧草面积不累计。多种类牧草混合播种,按一种主要牧草种类统计。单位,万亩,最多3位小数。

3.灌溉比例:实际进行灌溉的面积比例,不论灌溉次数。单位,%,取整数。

4.单位面积产量:单位面积上干草产量。饲用作物折合干重。单位,公斤/亩,取整数,计干重。

5.鲜草实际青贮量:当年实际青贮的鲜草数量。注意某些种类是否真实用作青贮或能够青贮。单位,吨,取整数。

6.当年耕地种草面积:当年在农耕地上种植牧草的面积。包含农闲田种草面积。单位,万亩,最多3位小数。

7.农闲田种草面积:在可以种植而未种植农作物的短期闲置农耕地(农闲田)种植牧草的面积,包括冬闲田种草面积、夏秋闲田种草面积、果园隙地种草面积、四边地种草面积和其他类型种草面积,相互之间没有包含关系。

8.冬闲田(冬春闲田)种草面积:利用冬季至春末闲置的农耕地种植

牧草,并能够达到牧草成熟或适合收割用作牲畜饲草的面积。注意某些种类是否适合在冬闲田种植,是否影响后续农作。做绿肥的不做统计。单位,万亩,最多3位小数。

9.夏秋闲田种草面积:利用夏季至秋末闲置的农耕地种植牧草用作牲畜饲草的面积。注意某些种类是否适合在夏秋闲田种植,是否影响后续农作。做绿肥的不做统计。单位,万亩,最多3位小数。

10.果园隙地种草面积:利用果园空隙地种植牧草用于牲畜饲草的面积。注意某些种类是否适合在果园隙地种植,是否影响果园正常管理。种植牧草用作果园保护、绿肥或者生境改善的面积不做统计。单位,万亩,最多3位小数。

11.四边地种草面积:利用村边、渠边、路边、沟边的空隙地种植牧草用作牲畜饲草的面积。所种牧草不用作牲畜饲草的面积不做统计。单位,万亩,最多3位小数。

12.其他类型种草面积:除冬闲田、夏秋闲田、果园隙地和四边地以外的农闲田种植牧草用作牲畜饲草的面积。所种牧草不用做牲畜饲草的面积不做统计。单位,万亩,最多3位小数。

(四)牧草种子生产情况

1.草种田面积:人工建植的专门用于生产牧草种子的面积,不含“天然草场采种”面积。单位,万亩,最多3位小数。

2.单位面积产量:单位面积上草种干种子重量。单位,公斤/亩,取整数。

3.草场采种量:在天然或改良草地采集的多年生牧草种子量,不统计面积和单位面积产量。单位,吨,最多3位小数。

4.灌溉比例:实际进行灌溉的草种田面积比例,不论灌溉次数。单位,%,取整数。

5. 草种销售量：当年销售的牧草种子数量。外购进来再次销售的数量不做统计。单位，吨，最多3位小数。

6. 牧草种类选择“饲用块根块茎作物”时，填写“块根块茎种茎类名称”。“计量单位”填个、公斤、株、块等。“总数量”填写实际计量单位的数量。“每吨计量单位数量”填写每吨对应的计量单位数量。如：“计量单位”填“株”，“总数量”为500000（株），每吨对应计量单位数量5000株，说明块根块茎种茎类牧草按照计量单位“株”统计，总数量为500000株，每吨包含5000株，总数量折合500000÷5000=100吨。

（五）商品草生产情况

1. 生产面积：专门用于生产以市场流通交易为目的的商品牧草种植面积。单位，万亩，最多3位小数。

2. 灌溉比例：实际进行灌溉的商品草生产面积比例，不论灌溉次数。单位，%，取整数。

3. 单位面积产量：单位面积上商品草干重。单位，公斤/亩，取整数。

4. 商品干草总产量：实际生产能够进行流通交易的商品干草数量。注意某些种类是否实际生产干草。单位，吨，最多1位小数。

5. 商品干草销售量：实际销售的商品干草数量。单位，吨，最多1位小数。

6. 鲜草实际青贮量：实际青贮能够进行流通交易的商品鲜草数量。注意某些种类是否实际青贮。单位，吨，取整数，不折合干重。

7. 青贮销售量：实际销售的青贮产品数量。单位，吨，取整数，不折合干重。

（六）草产品企业生产情况

1. 企业名称：包含草产品生产加工公司、合作社、厂（场）等。填写全称。

2. 干草实际生产量:实际生产的干草产品数量。包括草捆产量、草块产量、草颗粒产量、草粉产量和其他产量。注意某些种类是否实际生产干草或者产品种类。单位,吨,最多1位小数。

3. 青贮产品生产量:实际青贮的鲜草数量。注意某些种类是否实际制作青贮。单位,吨,最多1位小数。

4. 草种生产量:实际生产的牧草种子干重,不论是否销售或自用。单位,吨,最多1位小数。

(七)农副资源饲用情况

1. 产量:农副资源可用作畜禽饲草料的生产总量。非秸秆类不统计产量。单位,吨,取整数。

2. 饲用量:农副资源实际饲喂畜禽的总量。单位,吨,取整数。

3. 加工饲用量:农副资源经过黄贮、微贮、氨化等加工后饲喂畜禽的饲用量。非秸秆类不统计加工饲用量。切碎、拉丝、粉碎等物理措施不算加工。单位,吨,取整数。

(八)农闲田面积情况

1. 农闲田可种草面积:可以种植牧草的短期闲置农耕地面积,包括冬闲田可种草面积、夏秋闲田可种草面积、果园隙地可种草面积、四边地可种草面积和其他类型可种草面积,相互之间没有包含关系。单位,万亩,最多3位小数。

2. 农闲田已种草面积:已种植牧草的农闲田面积,由多年生牧草农闲田种草面积合计和一年生牧草农闲田种草面积合计汇总获得。已种草面积不得大于可种草面积。

3. 冬闲田(冬春闲田)可种草面积:冬季至春末可以种植牧草的闲置耕地面积。单位,万亩,最多3位小数。

4.夏秋闲田可种草面积:夏季至秋末可以种植牧草的闲置耕地面积。单位,万亩,最多3位小数。

5.果园隙地可种草面积:果园空隙地中可以种植牧草的面积。单位,万亩,最多3位小数。

6.四边地可种草面积:村边、渠边、路边、沟边周围的空隙地可以种植牧草的面积。单位,万亩,最多3位小数。

7.其他类型可种草面积:除冬闲田、夏秋闲田、果园隙地和四边地以外的农闲田可以种植牧草的面积。单位,万亩,最多3位小数。

来源于:全国畜牧总站(略有修改)

附录二　重庆市草牧业主导品种和主推技术名录

(一)2018年

1. 主导品种(22个)

(1)牧草及饲用作物种类(11个)

饲用玉米、饲用甜高粱、狼尾草、高丹草、多花黑麦草、鸭茅、燕麦、扁穗牛鞭草、红三叶、白三叶、紫花苜蓿。

(2)乳用牛(1个)

中国荷斯坦奶牛。

(3)肉用牛(4个)

西门塔尔牛、安格斯牛、川南山地牛、巴山牛。

(4)羊(6个)

大足黑山羊、渝东黑山羊、川东白山羊、板角山羊、波尔山羊、简州大耳羊。

2. 主推技术(7项)

(1)饲草规模化生产技术

技术要点:农牧融合,农机、农艺结合。饲草规模化生产土地宜机整治,适度规模种植优质牧草及饲用作物,草畜配套,利用饲草发展牛羊等草食畜牧业,实现循环发展。

(2)饲草料加工利用技术

技术要点:青贮窖标准化建设,青贮料加工利用,青干草调制利用,玉米秸秆、豆类秸秆、藤蔓、稻草等农作物秸秆饲料化利用。

(3)肉牛短期育肥技术

技术要点:架子牛的选择、驱虫健胃、称重分群、定时饲喂、全混合日粮(TMR)饲喂、疫病防控、适时出栏。

(4)奶牛精细化养殖技术

技术要点:分群饲养、分阶段饲喂、全混合日粮(TMR)、冬夏控温措施、自动识别系统、自动化挤奶、防疫程序化、自动化粪污处理、DHI测定监控、信息化管理。

(5)山羊羔羊保育技术

技术要点:选择良种、加强保暖、及时哺乳、饲养管理(包括接羔、补饲、饮水、消毒、防疫及驱虫等)、断奶分群。

(6)粪水肥料化利用技术

技术要点:有配套农田养殖场户,改水冲清粪为干式清粪,改无限用水为控制用水,改明沟排污为暗道排污,固液分离、雨污分离,通过氧化塘贮存或沼气工程对养殖污水进行无害化处理,根据农作物需要进行农田肥料利用。

(7)养殖场智能化管理技术

技术要点: 使用ERP软件、录入基础数据、生产过程管理、数据分析处理与智能化控制。

(二)2019年

1.主导品种(19个)

(1)牧草及饲用作物种类(10个)

饲用玉米、饲用甜高粱、杂交狼尾草、高丹草、多花黑麦草、鸭茅、燕麦、扁穗牛鞭草、红三叶、白三叶。

(2)乳用牛(1个)

中国荷斯坦奶牛。

(3)肉用牛(2个)

西门塔尔牛、安格斯牛。

(4)羊(6个)

大足黑山羊、渝东黑山羊、川东白山羊、板角山羊、波尔山羊、简州大耳羊。

2. 主推技术(7项)

(1)饲草规模化生产技术

技术要点:农牧融合,农机、农艺结合。饲草规模化生产土地宜机整治,适度规模种植优质牧草及饲用作物,草畜配套,利用饲草发展牛羊等草食畜牧业,实现循环发展。

(2)饲草料加工利用技术

技术要点:青贮窖标准化建设,青贮料加工利用,青干草调制利用,玉米秸秆、豆类秸秆、藤蔓、稻草等农作物秸秆饲料化利用。

(3)山羊羔羊保育技术

技术要点:哺乳母羊精细化饲养、加强保暖、及时哺乳、饲养管理(包括接羔、补饲、饮水、消毒、防疫及驱虫等)、断奶分群。

(4)肉牛短期育肥技术

技术要点:架子牛的选择、驱虫健胃、称重分群、定时饲喂、全混合日粮(TMR)饲喂、疫病防控、适时出栏。

(5)奶牛精细化养殖技术

技术要点:分群饲养、分阶段饲喂、全混合日粮(TMR)、冬夏控温措施、自动识别系统、自动化挤奶、防疫程序化、自动化粪污处理、DHI测定监控、信息化管理。

(6)粪水肥料化利用技术

技术要点:有配套农田养殖场户,改水冲清粪为干式清粪,改无限用水为控制用水，改明沟排污为暗道排污，固液分离、雨污分离，通过氧化塘贮存或沼气工程对养殖污水进行无害化处理，根据农作物需要进行农田肥料利用。

附录三　重庆草业地方标准制定情况

序号	标准名称	标准编号	代替标准号	发布日期	实施日期
1	优质肉山羊生产技术规程	DB50/T 268-2008	/	2008年3月1日	2008年5月1日
2	渝东黑山羊	DB50/T 352-2019	DB50/T352-2010	2019年5月30日	2019年9月1日
3	合川白山羊	DB50/T 365-2010	/	2010年8月30日	2010年11月1日
4	大足黑山羊疫病防治技术规范	DB50/T 384-2011	/	2011年1月30日	2011年5月1日
5	大足黑山羊	DB50/T 385-2011	/	2011年1月30日	2011年5月1日
6	大足黑山羊种公羊饲养管理技术规范	DB50/T 386-2011	/	2011年1月30日	2011年5月1日
7	奶牛标准化规模养殖场建设规范	DB50/T 389-2019	DB50/T389-2011	2019年5月30日	2019年9月1日
8	扁穗牛鞭草种植技术规范	DB50/T 397-2011	/	2011年8月1日	2011年9月1日
9	皇竹草种植技术规范	DB50/T 398-2011	/	2011年8月1日	2011年9月1日
10	甜高粱种植技术规范	DB50/T 399-2011	/	2011年8月1日	2011年9月1日
11	白三叶种植技术规范	DB50/T 409-2011	/	2012年1月1日	2012年1月1日
12	菊苣种植技术规范	DB50/T 410-2011	/	2012年1月1日	2012年1月1日
13	酉州乌羊	DB50/T 412-2011	/	2012年1月1日	2012年3月1日

续表

序号	标准名称	标准编号	代替标准号	发布日期	实施日期
14	山羊肥羔生产技术规范	DB50/T 419-2011	/	2012年3月1日	2012年4月1日
15	肉牛标准化规模养殖场建设规范	DB50/T 421-2011	/	2012年3月1日	2012年5月1日
16	红三叶栽培技术规范	DB50/T 422-2011	/	2012年3月1日	2012年5月1日
17	多花黑麦草种植技术规范	DB50/T 476-2012	/	2012年12月30日	2013年3月1日
18	鸭茅种植技术规范	DB50/T 477-2012	/	2012年12月30日	2013年3月1日
19	鸭茅种子生产技术规程	DB50/T 478-2012	/	2012年12月30日	2013年3月1日
20	玉米全株青贮技术规范	DB50/T 483-2012	/	2013年2月1日	2013年3月1日
21	渝东黑山羊种公羊饲养管理技术规范	DB50/T 484-2012	/	2013年3月1日	2013年5月1日
22	紫花苜蓿种植技术规范	DB50/T 493-2013	/	2013年4月1日	2013年4月1日
23	大足黑山羊圈舍建设技术规范	DB50/T 502-2013	/	2013年11月20日	2014年1月1日
24	大足黑山羊繁殖技术规范	DB50/T 509-2013	/	2013年11月20日	2014年1月1日
25	大足黑山羊种母羊饲养管理技术规范	DB50/T 510-2013	/	2013年11月20日	2014年1月1日
26	多年生黑麦草种植技术规范	DB50/T 549-2014	/	2014年6月25日	2014年8月1日
27	多花黑麦草种子生产技术规程	DB50/T 550-2014	/	2014年6月25日	2014年8月1日
28	苇状羊茅种植技术规范	DB50/T 551-2014	/	2014年6月25日	2014年8月1日

续表

序号	标准名称	标准编号	代替标准号	发布日期	实施日期
29	牛程序化输精技术规程	DB50/T 552-2014	/	2014年6月25日	2014年8月1日
30	架子牛饲养管理技术规程	DB50/T 553-2014	/	2014年6月25日	2014年8月1日
31	肉用犊牛饲养管理技术规程	DB50/T 554-2014	/	2014年6月25日	2014年8月1日
32	肉牛全混合日粮(TMR)饲养技术规程	DB50/T 555-2014	/	2014年6月25日	2014年8月1日
33	肉用育成母牛饲养管理技术规程	DB50/T 556-2014	/	2014年6月25日	2014年8月1日
34	肉用繁殖母牛饲养管理技术规程	DB50/T 557-2014	/	2014年6月25日	2014年8月1日
35	巫溪红三叶种子生产技术规程	DB50/T 574-2014	/	2014年11月30日	2015年2月1日
36	奶牛抗热应激饲养管理技术规范	DB50/T 667-2016	/	2016年7月1日	2016年9月1日
37	青贮饲料品质鉴定	DB50/T 669-2016	/	2016年7月1日	2016年9月1日
38	肉用山羊种公羊饲养管理技术规范	DB50/T 670-2016	/	2016年7月1日	2016年9月1日
39	渝东黑山羊种母羊饲养管理技术规范	DB50/T 671-2016	/	2016年7月1日	2016年9月1日
40	高丹草种植技术规范	DB50/T 736-2016	/	2016年12月30日	2017年5月1日
41	象草种植技术规范	DB50/T 737-2016	/	2016年12月30日	2017年5月1日
42	育肥牛饲养管理技术规范	DB50/T 740-2016	/	2016年12月30日	2017年5月1日
43	山羊种羊场建设技术规范	DB50/T 741-2016	/	2016年12月30日	2017年5月1日

续表

序号	标准名称	标准编号	代替标准号	发布日期	实施日期
44	苦荬菜种植技术规范	DB50/T 887-2018	/	2018年9月1日	2018年12月1日
45	拉巴豆种植技术规范	DB50/T 888-2018	/	2018年9月1日	2018年12月1日
46	墨西哥类玉米种植技术规范	DB50/T 889-2018	/	2018年9月1日	2018年12月1日
47	生鲜牛乳安全生产技术规范	DB50/T 891-2018		2018年9月1日	2018年12月1日
48	山羊羔哺乳期保育技术规程	DB50/T 919-2019	/	2019年5月30日	2019年9月1日
49	饲用籽粒苋栽培技术规范	DB50/T 997-2020		2020年5月15日	2020年8月15日
50	肉用山羊种公羊引种技术规范	DB50/T 998-2020	/	2020年5月15日	2020年5月15日
51	渝东黑山羊繁育技术规程	DB50/T 999-2020	/	2020年5月15日	2020年8月15日

注:截至2020年5月;以标准编号先后为序